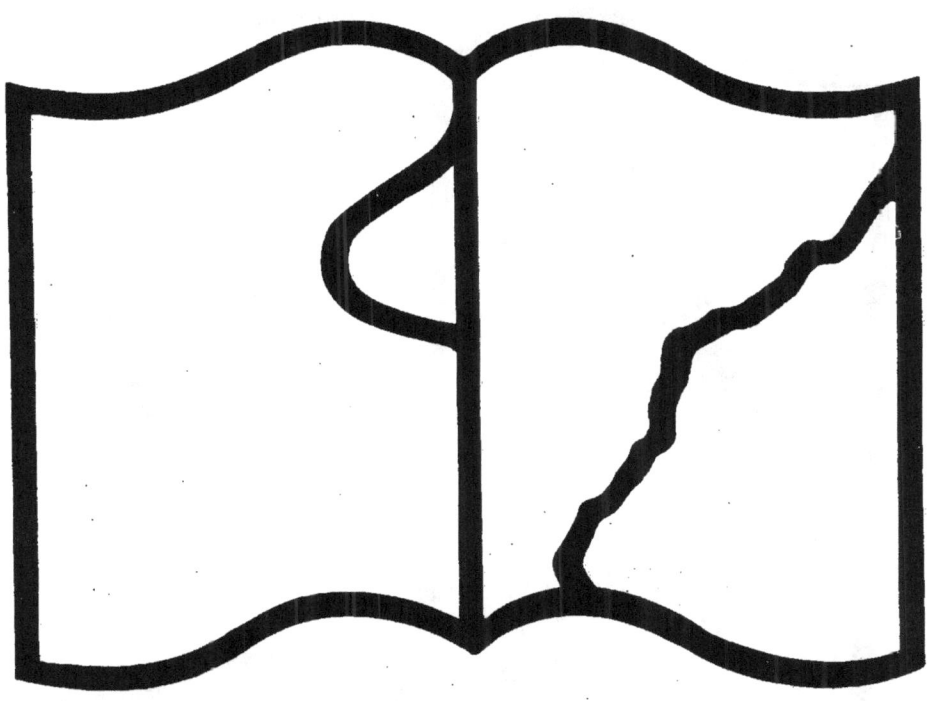

Texte détérioré — reliure défectueuse

NF Z 43-120-11

Contraste insuffisant

NF Z 43-120-14

Mademoiselle Mimi Pinson

Mimi Pinson est une blonde,
Une blonde que l'on connaît...

CHAPITRE PREMIER

Parmi les étudiants qui suivaient, l'an passé, les cours de l'Ecole de Médecine, se trouvait un homme nommé Eugène Aubert.

C'était un garçon de bonne famille, qui avait à peu près dix-neuf ans. Ses parents vivaient en province, et lui faisaient une pension modeste, mais qui lui suffisait.

Il menait une vie tranquille, et passait pour avoir un caractère fort doux. Ses camarades l'aimaient; en toute circonstance, on le trouvait bon et serviable, la main généreuse et le cœur ouvert.

Le seul défaut qu'on lui reprochait était un singulier penchant à la rêverie et à la solitude, et une réserve si excessive dans son langage et ses moindres actions, qu'on l'avait surnommé *la Petite Fille*, surnom, du reste, dont il riait lui-même, et auquel ses amis n'attachaient aucune idée qui pût l'offenser, le sachant aussi brave qu'un autre au besoin; mais il était vrai que sa conduite justifiait un peu ce sobriquet, surtout par la façon dont elle contrastait avec les mœurs de ses compagnons.

Tant qu'il n'était question que de travail, il était le premier à l'œuvre; mais s'il s'agissait d'une partie de plaisir, d'un dîner au Moulin de Beurre, ou d'une contredanse à la Chaumière, *la Petite Fille* secouait la tête et regagnait sa chambrette garnie.

Chose presque monstrueuse parmi les étudiants: non seulement Eugène n'avait pas de maîtresse, quoique son âge et sa figure eussent pu lui valoir des succès, mais on ne l'avait jamais vu faire le galant au comptoir d'une grisette; usage immémorial au Quartier Latin.

Les beautés qui peuplent la montagne Sainte-Geneviève, et se partagent les amours des écoles, lui inspiraient une sorte de répugnance qui allait jusqu'à l'aversion.

Il les regardait comme une espèce à part, dangereuse, ingrate, et dépravée, née pour laisser partout le mal et le malheur en échange de quelques plaisirs.

« Gardez-vous de ces femmes-là, disait-il: ce sont des poupées de fer rouge. »

Et il ne trouvait malheureusement que trop d'exemples pour justifier la haine qu'elles lui inspiraient. Les querelles, les désordres, quelquefois même la ruine qu'entraînent ces liaisons passagères, dont les dehors ressemblent au bonheur, n'étaient que trop faciles à citer, l'année dernière comme aujourd'hui, et probablement comme l'année prochaine.

Il va sans dire que les amis d'Eugène le raillaient continuellement sur sa morale et ses scrupules.

« Que prétends-tu? lui demandait souvent un de ses camarades, nommé Marcel, qui faisait profession d'être bon vivant; que prouve une faute ou un accident arrivé une fois par hasard?

— Qu'il faut s'abstenir, répondait Eugène, de peur que cela n'arrive une seconde fois.

— Faux raisonnement, répliquait Marcel, argument de capucin de carte, qui tombe si le compagnon trébuche. De quoi vas-tu t'inquiéter? Tel d'entre nous a perdu au jeu; est-ce une raison pour se faire moine? L'un n'a plus le sou, l'autre boit de l'eau fraîche; est-ce qu'Elise en perd l'appétit? A qui la faute si le voisin porte sa montre au mont-de-piété pour aller se casser le bras à Montmorency? La voisine n'en est pas manchote. Tu te bats pour Rosalie, on te donne un coup d'épée; elle te tourne le dos, c'est tout simple: en a-t-elle moins fine taille? Ce sont de ces petits inconvénients dont l'existence est parsemée, et ils sont plus rares que tu ne le penses.

« Regarde un dimanche, quand il fait beau temps, que de bonnes paires d'amis dans les cafés, dans les promenades et les guinguettes! Considère-moi ces gros omnibus bien rebondis, bien bourrés de grisettes, qui vont au Ranelagh ou à Belleville. Compte ce qui sort, un jour de fête seulement, du quartier Saint-Jacques: les bataillons de modistes, les armées de lingères, les nuées de marchandes de tabac; tout cela s'amuse, tout cela a ses amours, tout cela va s'ébattre autour de Paris, sous les tonnelles des campagnes, comme des volées de friquets. S'il pleut, cela va au mélodrame manger des oranges et pleurer, car cela mange beaucoup, c'est vrai, et pleure aussi très volontiers: c'est ce qui prouve un bon caractère.

« Mais quel mal font ces pauvres filles, qui ont cousu bâti, ourlé, piqué et ravaudé toute la semaine, en prêchant d'exemple, le dimanche, l'oubli des maux et l'amour du prochain? Et que peut faire de mieux un honnête homme qui, de son côté, vient de passer huit jours à disséquer des choses peu agréables, que de se débarbouiller la vue en regardant un visage frais, une jambe ronde, et la belle nature?

— Sépulcres blanchis! disait Eugène.

— Je dis et maintiens, continua Marcel, qu'on peut et doit faire l'éloge des grisettes, et qu'un usage modéré en est bon. Premièrement, elles sont vertueuses, car elles passent la journée à confectionner les vêtements les plus indispensables à la pudeur et à la modestie; en second lieu, elles sont honnêtes, car il n'y a pas de maîtresse lingère ou ouvrière qui ne recommande à ses filles de boutique de parler au monde poliment; troisièmement, elles sont très soigneuses et très propres attendu qu'elles ont sans cesse entre les mains du linge et des étoffes qu'il ne faut pas qu'elles gâtent, sous peine d'être moins bien payées; quatrièmement, elles sont sincères, parce qu'elles boivent du ratafia; en cinquième lieu, elles sont économes et frugales, parce qu'elles ont beaucoup de peine à gagner trente sous, et, s'il se trouve des occasions où elles se montrent gourmandes et dépensières, ce n'est jamais avec leurs propres deniers; sixièmement, elles sont très gaies, parce que le travail qui les occupe est en général ennuyeux à mourir, et qu'elles frétillent comme le poisson dans l'eau dès que l'ouvrage est terminé.

« Un autre avantage qu'on rencontre en elles, c'est qu'elles ne sont point gênantes, vu qu'elles passent leur vie clouées sur une chaise dont elles ne peuvent pas bouger, et que par conséquent il leur est impossible de courir après leurs amants comme les dames de bonne compagnie. En outre, elles ne sont pas bavardes, parce qu'elles sont obligées de compter leurs points.

« Elles ne dépensent pas grand'chose pour leurs chaussures, parce qu'elles marchent peu, ni pour leur toilette, parce qu'il est rare qu'on leur fasse crédit. Si on les accuse d'inconstance, ce n'est pas parce qu'elles lisent de mauvais romans ni par méchanceté naturelle; cela tient au grand nombre de personnes différentes qui passent devant leurs boutiques; d'un autre côté, elles prouvent suffisamment qu'elles sont capables de passions véritables, par la grande quantité d'entre elles qui se jettent journellement dans la Seine, ou par la fenêtre, ou qui s'asphyxient à leurs domiciles.

Elles ont, il est vrai, l'inconvénient d'avoir presque toujours faim et soif, précisément à cause de leur grande tempérance ; mais il est notoire qu'elles peuvent se contenter, en guise de repas, d'un verre de bière et d'un cigare : qualité précieuse qu'on rencontre bien rarement en ménage. Bref, je soutiens qu'elles sont bonnes, aimables, fidèles et désintéressées, et que c'est une chose regrettable lorsqu'elles finissent à l'hôpital. »

Lorsque Marcel parlait ainsi, c'était la plupart du temps au café, quand il s'était un peu échauffé la tête ; il remplissait alors le verre de son ami, et voulait le faire boire à la santé de Mlle Pinson, ouvrière en linge qui était leur voisine ; mais Eugène prenait son chapeau, et tandis que Marcel continuait à pérorer devant ses camarades, il s'esquivait doucement.

CHAPITRE II

MADEMOISELLE Pinson n'était pas précisément ce qu'on appelle une jolie femme. Il y a beaucoup de différence entre une jolie femme et une jolie grisette. Si une jolie femme, reç... ue pour telle, et ainsi nommée en langue parisienne, s'avisait de mettre un petit bonnet, une robe de guingan et un tablier de soie, elle serait tenue, il est vrai, de paraître une jolie grisette.

Mais si une grisette s'affuble d'un chapeau, d'un camail de velours et d'une robe de Palmyre, elle n'est nullement forcée d'être une jolie femme ; bien au contraire, il est probable qu'elle aura l'air d'un porte-manteau ; et, en l'ayant, elle sera dans son droit.

La différence consiste donc dans les conditions où vivent ces deux êtres, et principalement dans ce morceau de carton roulé, recouvert d'étoffe et appelé chapeau, que les femmes ont jugé à propos de s'appliquer de chaque côté de la tête, à peu près comme les œillères des chevaux. (Il faut remarquer cependant que les œillères empêchent les chevaux de regarder de côté et d'autre, et que le morceau de carton n'empêche rien du tout.)

Quoi qu'il en soit, un petit bonnet autorise un nez retroussé, qui, à son tour, veut une bouche bien fendue, à laquelle il faut de belles dents, et un visage rond pour cadre. Un visage rond demande des yeux brillants ; le mieux est qu'ils soient le plus noirs possible, et les sourcils à l'avenant. Les cheveux sont *ad libitum*, attendu que les yeux noirs s'arrangent de tout. Un tel ensemble, comme on le voit, est loin de la beauté proprement dite.

C'est ce qu'on appelle une figure chiffonnée, figure classique de grisette, qui serait peut-être laide sous le morceau de carton, mais que le bonnet rend parfois charmante, et plus jolie que la beauté.

Ainsi était Mlle Pinson.

Marcel s'était mis dans la tête qu'Eugène devait faire la cour à cette demoiselle ; pourquoi ? je n'en sais rien, si ce n'est qu'il était lui-même l'adorateur de Mlle Zélia, amie intime de Mlle Pinson. Il lui semblait naturel et commode d'arranger ainsi les choses à son goût et de faire amicalement l'amour. De pareils calculs ne sont pas rares, et réussissent assez, l'occasion, depuis que le monde existe, étant, de toutes les tentations, la plus forte.

Qui peut dire ce qu'ont fait naître d'événements heureux ou malheureux, d'amours, de querelles, de joies ou de désespoirs, deux portes voisines, un escalier secret, un corridor, un carreau cassé ?

Certains caractères, pourtant, se refusent à ces jeux du hasard. Ils veulent conquérir leurs jouissances, non les gagner à la loterie, et ne se sentent pas disposés à aimer parce qu'ils se trouvent en diligence à côté d'une jolie femme.

Tel était Eugène, et Marcel le savait ; aussi avait-il formé depuis longtemps un projet assez simple qu'il croyait merveilleux et surtout infaillible pour vaincre la résistance de son compagnon.

Il avait résolu de donner un souper, et ne trouva rien de mieux que de choisir pour prétexte le jour de sa propre fête. Il fit donc apporter chez lui deux douzaines de bouteilles de bière, un gros morceau de veau froid avec de la salade, une énorme galette de plomb et une bouteille de vin de Champagne. Il invita d'abord deux étudiants de ses amis, puis il fit savoir à Mlle Zélia qu'il y avait le soir gala à la maison et qu'elle eût à amener Mlle Pinson.

Elles n'eurent garde d'y manquer. Marcel passait, à juste titre, pour un des talons rouges du quartier Latin, de ces gens qu'on ne refuse pas ; et sept heures du soir venaient à peine de sonner, que les deux grisettes frappaient à la porte de l'étudiant, Mlle Zélia en robe courte, en brodequin gris et en bonnet à fleurs, Mlle Pinson, plus modeste, vêtue d'une robe noire qui ne la quittait pas, et qui lui donnait, disait-on, une sorte de petit air espagnol dont elle se montrait fort jalouse. Toutes deux ignoraient, on le pense bien, les secrets desseins de leur hôte.

Marcel n'avait pas fait la maladresse d'inviter Eugène d'avance ; il eût été trop sûr d'un refus de sa part.

Ce fut seulement lorsque ces demoiselles eurent pris place à table, et après le premier verre vidé, qu'il demanda la permission de s'absenter quelques instants pour aller chercher un convive, et qu'il se dirigea vers la maison qu'habitait Eugène ; il le trouva, comme d'ordinaire, à son travail, seul, entouré de ses livres.

Après quelques propos insignifiants, il commença à lui faire tout doucement ses reproches accoutumés, qu'il se fatiguait trop, qu'il avait tort de ne prendre aucune distraction, puis il lui proposa un tour de promenade. Eugène, un peu las, en effet, ayant étudié toute la journée : les deux jeunes gens sortirent ensemble, et il ne fut pas difficile à Marcel, après quelques tours d'allée au Luxembourg, d'obliger son ami à entrer chez lui.

Les deux grisettes restées seules et ennuyées probablement d'attendre, avaient débuté par se mettre à l'aise ; elles avaient ôté leurs châles et leurs bonnets, et dansaient une contredanse, non sans faire, de temps en temps, honneur aux provisions, par manière d'essai.

Les yeux déjà brillants et le visage animé, elles s'arrêtèrent joyeuses et un peu essoufflées, lorsque Eugène les salua d'un air à la fois timide et surpris. Attendu ses mœurs solitaires, il était à peine connu d'elles ; aussi l'eurent-elles bientôt dévisagé des pieds à la tête avec cette curiosité intrépide qui est le privilège de leur caste ; puis elles reprirent leur chanson et leur danse, comme si de rien n'était.

Le nouveau venu, à demi déconcerté, faisait déjà quelques pas en arrière, songeant peut-être à la retraite, lorsque Marcel, ayant fermé la porte à double tour, jeta bruyamment la clef sur la table.

« Personne encore ! s'écria-t-il. Que font donc mes amis ? Mais n'importe, le sauvage nous appartient. Mesdemoiselles, je vous présente le plus vertueux jeune homme de France et de Navarre, qui désire depuis longtemps avoir l'honneur de faire votre connaissance, et qui est particulièrement admirateur de Mlle Pinson. »

La contredanse s'arrêta de nouveau ; Mlle Pinson fit un léger salut, et reprit son bonnet.

« À cette heure, s'écria Marcel, c'est aujourd'hui ma fête ; ces deux dames ont bien voulu venir la célébrer avec nous. Je t'ai presque amené aussitôt, c'est vrai ; mais j'espère que tu resteras de bon gré, à notre commune prière.

« Il est à présent huit heures à peu près ; nous avons le temps de fumer une pipe en attendant que l'appétit nous vienne. »

Parlant ainsi, il jeta un regard significatif à Mlle Pinson, qui, le comprenant aussitôt, s'inclina une seconde fois en souriant, et dit d'une voix douce à Eugène :

« Oui, monsieur, nous vous en prions. »

En ce moment les deux étudiants que Marcel avait invités frappèrent à la porte. Eugène vit qu'il n'y avait pas moyen de reculer sans trop de mauvaise grâce ; et, se résignant, prit place avec les autres.

CHAPITRE III

Le souper fut long et bruyant. Ces messieurs, ayant commencé par remplir la chambre d'un nuage de fumée, buvaient d'autant pour se rafraîchir.

Ces dames faisaient les frais de la conversation et égayaient la compagnie de propos plus ou moins piquants aux dépens de leurs amis et connaissances, et d'aventures plus ou moins croyables, tirées des arrière-boutiques. Si la matière manquait de vraisemblance, du moins n'était-elle pas stérile.

Deux clercs d'avoué, à les en croire, avaient gagné vingt mille francs en jouant sur les fonds espagnols, et ils avaient mangé en six semaines avec deux marchandes de gants.

Le fils d'un des plus riches banquiers de Paris avait proposé à une célèbre lingère une loge à l'Opéra et une maison de campagne, qu'elle avait refusées, aimant mieux soigner ses parents et rester fidèle à un commis des Deux-Magots.

Certain personnage qu'on ne pouvait nommer, et qui était forcé par son rang à s'entourer du plus grand mystère, venait incognito rendre visite à une brodeuse du Pont-Neuf, laquelle avait été enlevée tout à coup par ordre supérieur, mise dans une chaise de poste à minuit, avec un portefeuille plein de billets de banque, et envoyée aux Etats-Unis, etc...

« Suffit, dit Marcel, nous connaissons cela: Zélia improvise, et quant à Mlle Mimi (ainsi s'appelait Mlle Pinson en petit comité), vos renseignements sont imparfaits. Vos clercs d'avoué n'ont gagné qu'une entorse en voltigeant sur les ruisseaux; votre banquier a offert une orange, et votre brodeuse est si peu aux Etats-Unis, qu'elle est visible tous les jours, de midi à quatre heures, à l'hôpital de la Charité, où elle a pris un logement par suite de manque de comestibles. »

Eugène était assis auprès de Mlle Pinson. Il crut remarquer, à ce dernier mot, prononcé avec une indifférence complète, qu'elle pâlissait. Mais, presque aussitôt, elle se leva, alluma une cigarette, et s'écria d'un air délibéré:

« Silence à votre tour! Je demande la parole. Puisque le sieur Marcel ne croit pas aux fables, je vais raconter une histoire véritable, *et quorum pars magna fui.*

— Vous parlez latin? dit Eugène.

— Comme vous voyez, répondit Mlle Pinson; cette sentence me vient de mon oncle, qui a servi sous le grand Napoléon, et qui n'a jamais manqué de le dire avant de réciter une bataille. Si vous ignorez ce que ces mots signifient, vous pouvez l'apprendre sans payer. Cela veut dire: « Je vous en donne ma parole d'honneur. » Vous saurez donc que, la semaine passée, je m'étais rendue, avec deux de mes amies, Blanchette et Rougette, au théâtre de l'Odéon.

— Attendez que je coupe la galette, dit Marcel.

— Coupez, mais écoutez, reprit Mlle Pinson. J'étais donc allée avec Blanchette et Rougette à l'Odéon, voir une tragédie. Rougette, comme vous le savez, vient de perdre sa grand'mère; elle a hérité de quatre cents francs. Nous avions pris une baignoire; trois étudiants se trouvaient au parterre; ces jeunes gens nous avisèrent, et sous prétexte que nous étions seules, nous invitèrent à souper.

— De but en blanc? demanda Marcel; en vérité, c'est très galant. Et vous avez refusé, je suppose.

— Non, monsieur, dit Mlle Pinson, nous acceptâmes, et à l'entr'acte, sans attendre la fin de la pièce, nous nous transportâmes chez Viot.

— Avec vos cavaliers?

— Avec nos cavaliers. Le garçon commença, bien entendu, par nous dire qu'il n'y avait plus rien; mais une pareille inconvenance n'était pas faite pour nous arrêter. Nous ordonnâmes qu'on allât par la ville chercher ce qui pouvait manquer. Rougette prit la plume, et commanda un festin de noces: des crevettes, une omelette au sucre, des beignets, des moules, des œufs à la neige, tout ce qu'il y a dans le monde des marmites. Nos jeunes inconnus, à dire vrai, faisaient légèrement la grimace.

— Je le crois parbleu bien! dit Marcel.

— Nous n'en tînmes compte. La chose apportée, nous commençâmes à faire les jolies femmes. Nous ne trouvions rien de bon, tout nous dégoûtait. A peine un plat était-il entamé, que nous le renvoyions pour en demander un autre. — Garçon, emportez cela; ce n'est pas tolérable; où avez-vous pris des horreurs pareilles? Nos inconnus désiraient manger, mais il ne leur fut pas loisible. Bref, nous soupâmes comme dînait Sancho, et la colère nous porta même à briser quelques ustensiles.

— Belle conduite! et comment payer?

— Voilà précisément la question que les trois inconnus s'adressèrent. Par l'entretien qu'ils eurent à voix basse, l'un d'eux nous parut posséder six francs, l'autre infiniment moins, et le troisième n'avait que sa montre, qu'il tira généreusement de sa poche. En cet état, les trois infortunés se présentèrent au comptoir dans le but d'obtenir un délai quelconque. Que pensez-vous qu'on leur répondit?

— Je pense, répliqua Marcel, que l'on vous a gardées en gage, et qu'on les a conduits au violon.

— C'est une erreur, dit Mlle Pinson. Avant de monter dans le cabinet, Rougette avait pris ses mesures, et tout était payé d'avance. Imaginez le coup de théâtre, à cette réponse de Viot: « Messieurs tout est payé! » Nos inconnus nous regardèrent comme jamais trois chiens n'ont regardé trois évêques, avec une stupéfaction piteuse mêlée d'un pur attendrissement. Nous, cependant, sans feindre d'y prendre garde, nous descendîmes et fîmes venir un fiacre. — Chère marquise, me dit Rougette, il faut reconduire ces messieurs chez eux. — Volontiers, chère comtesse, repris-je. Nos pauvres amoureux ne savaient plus quoi dire. Je vous demande s'ils étaient penauds! ils se défendaient de notre politesse, ils ne voulaient pas qu'on les reconduisît, ils refusaient de dire leur adresse... Je le crois bien qu'ils étaient convaincus qu'ils avaient à faire à des femmes du monde, et ils demeuraient rue du Chat-Qui-Pêche!... »

Les deux étudiants, amis de Marcel, qui jusque-là n'avaient guère fait que fumer et boire en silence, semblèrent peu satisfaits de cette histoire. Leurs visages se rembrunirent; peut-être en savaient-ils autant que Mlle Pinson sur le malencontreux souper, car ils jetèrent sur elle un regard inquiet, lorsque Marcel lui dit en riant:

« Nommez les masques, mademoiselle Mimi. Puisque c'est la semaine dernière, il n'y a plus d'inconvénient.

— Jamais, monsieur, dit la grisette. On peut berner un homme, mais lui faire tort dans sa carrière, jamais!

— Vous avez raison, dit Eugène, et vous agissez en cela plus sagement peut-être que vous ne pensez. De tous ces jeunes gens qui peuplent les écoles, il n'y en a presque pas un seul qui n'ait derrière lui quelque faute ou quelque folie, et cependant c'est de là que sortent tous les jours ce qu'il y a en France de plus distingué et de plus respectable: des médecins, des magistrats...

— Oui, reprit Marcel, c'est la vérité. Il y a des pairs de France en herbe qui dînent chez Flicoteaux, et qui n'ont pas toujours de quoi payer la carte. Mais, ajouta-t-il en clignant de l'œil, n'avez-vous pas revu vos inconnus?

— Pour qui nous prenez-vous? répondit Mlle Pinson d'un air sérieux et presque offensé. Connaissez-vous Blanchette et Rougette? et supposez-vous que moi-même...

— C'est bon, dit Marcel, ne vous fâchez pas. Mais voilà en somme, une belle équipée. Trois écervelées qui n'avaient peut-être pas de quoi dîner le lendemain, et qui jettent par les fenêtres pour le plaisir de mystifier trois pauvres diables qui n'en peuvent mais!

— Pourquoi nous invitent-ils à souper? répondit Mlle Pinson.

---o---

CHAPITRE IV.

VEC la galette parut, dans sa gloire, l'unique bouteille de vin de Champagne qui devait composer le dessert. Avec le vin on parla chanson.

« Je vois, dit Marcel, je vois, comme dit Cervantes, Zélia qui tousse; c'est signe qu'elle veut chanter. Mais, si ces messieurs le trouvent bon, c'est moi qu'on fête, et qui par conséquent prie Mlle Mimi, si elle n'est pas enrouée par son anecdote, de nous honorer d'un couplet. Eugène, continua-t-il, sois donc un peu galant, trinque avec ta voisine, et demande-lui un couplet pour moi. »

Eugène rougit et obéit. De même que Mlle Pinson n'avait pas dédaigné de le faire pour l'engager lui-même à rester, il s'inclina, et lui dit timidement:

« Oui, mademoiselle, nous vous en prions. »

En même temps il souleva son verre, et toucha celui de la grisette. De ce dernier choc sortit un son clair et argentin; Mlle Pinson saisit cette note au vol, et d'une voix pure et fraîche la continua longtemps en cadence.

« Allons, dit-elle, j'y consens, puisque mon verre me donne le la. Mais que voulez-vous que je vous chante? Je ne suis pas bégueule, je vous en préviens, mais je ne sais pas de couplets de corps de garde. Je ne m'encanaille pas la mémoire.

— Connu, dit Marcel, vous êtes une vertu; allez votre train, les opinions sont libres.

— Eh bien! reprit Mlle Pinson, je vais vous chanter à la bonne venue des couplets qu'on a faits sur moi.

— Attention! Quel est l'auteur?

— Mes camarades du magasin. C'est de la poésie faite à l'aiguille; ainsi je réclame l'indulgence.

— Y a-t-il un refrain à votre chanson?

— Certainement; la belle demande!

— En ce cas-là, dit Marcel, prenons nos couteaux, et, au refrain, tapons sur la table, mais tâchons d'aller en mesure. Zélia peut s'abstenir si elle veut.

— Pourquoi cela, malhonnête garçon? demanda Zélia en colère.

— Pour cause, répondit Marcel; mais si vous désirez être de la partie, tenez, frappez avec un bouchon, cela aura moins d'inconvénients pour nos oreilles et pour vos blanches mains. »

Marcel avait rangé en rond les verres et les assiettes, et s'était assis au milieu de la table, son couteau à la main. Les deux étudiants du souper de Rougette, un peu ragaillardis, ôtèrent le fourneau de leurs pipes pour frapper avec le tuyau de bois; Eugène rêvait, Zélia boudait. Mlle Pinson prit une assiette, et fit signe qu'elle voulait la casser, à quoi Marcel répondit par un geste d'assentiment, en sorte que la chanteuse, ayant pris les morceaux pour s'en faire des castagnettes, commença ainsi les couplets que ses compagnes avaient composés, après s'être excusée de ce qu'ils pouvaient contenir de trop flatteur pour elle.

Mimi Pinson est une blonde,
Une blonde que l'on connaît.
Elle n'a qu'une robe au monde,
    Landerirette!
Et qu'un bonnet.
Le grand Turc en a davantage,
Dieu voulut, de cette façon,
    La rendre sage.
On ne peut pas la mettre en gage,
La robe de Mimi Pinson.

Mimi Pinson porte une rose,
Une rose blanche au côté.
Cette fleur dans son cœur éclose,
    Landerirette!
C'est la gaité.
Quand un bon souper la réveille,
Elle fait sortir la chanson
    De la bouteille.
Parfois il penche sur l'oreille,
Le bonnet de Mimi Pinson.

Elle a les yeux et la main prestes,
Les carabins, matin et soir,
Usent les manches de leurs vestes,
    Landerirette!
    A son comptoir.
Quoique sans maltraiter personne,
Mimi leur fait mieux la leçon
    Qu'à la Sorbonne.
Il ne faut pas qu'on la chiffonne,
La robe de Mimi Pinson.

Mimi Pinson peut rester fille;
Si Dieu le veut, c'est dans son droit.
Elle aura toujours son aiguille,
    Landerirette!
    Au bout du doigt.
Pour entreprendre sa conquête,
Ce n'est pas tout qu'un beau garçon;
    Faut être honnête.
Car il n'est pas loin de sa tête,
Le bonnet de Mimi Pinson.

D'un gros bouquet de fleurs d'orange,
Si l'amour veut la couronner,
Elle a quelque chose en échange,
    Landerirette!
    A lui donner.
Ce n'est pas on se l'imagine,
Un manteau sur un écusson,
    Fourré d'hermine;
C'est l'étui d'une perle fine,
La robe de Mimi Pinson.

Mimi n'a pas l'âme vulgaire,
Mais son cœur est républicain.
Aux trois jours elle a fait la guerre,
    Landerirette!
    En casaquin.
A défaut d'une hallebarde,
On l'a vue avec son poinçon
    Monter la garde.
Heureux qui mettra sa cocarde
Au bonnet de Mimi Pinson!

Les couteaux et les pipes, voire même les chaises, avaient fait leur tapage, comme de raison, à la fin de chaque couplet. Les verres dansaient sur la table, et les bouteilles à moitié pleines, se balançaient joyeusement en se donnant de petits coups d'épaule.

« Et ce sont vos bonnes amies, dit Marcel, qui vous ont fait cette chanson-là. Il y a un teinturier; c'est trop musqué. Parlez-moi de ces bons airs où on dit les choses! »

Et il entonna d'une voix forte:

Nanette n'avait pas encore quinze ans...

« Assez, assez, dit Mlle Pinson; dansons plutôt, faisons un tour de valse. Y a-t-il un musicien quelconque?

— J'ai ce qu'il vous faut, répondit Marcel; j'ai une guitare; mais, continua-t-il en décrochant l'instrument, ma guitare n'a pas ce qu'il lui faut; elle est chauve de trois de ses cordes.

— Mais voilà un piano, dit Zélia; Marcel va nous faire danser. »

Marcel lança à sa maîtresse un regard aussi furieux que si elle l'eût accusé d'un crime. Il était vrai qu'il en savait assez pour jouer une contredanse; mais c'était pour lui comme pour bien d'autres, une espèce de torture à laquelle il se soumettait peu volontiers. Zélia, en le trahissant, se vengeait du bouchon.

« Etes-vous folle? dit Marcel; vous savez bien que ce piano n'est là que pour la gloire, et qu'il n'y a que vous qui l'écorchiez, Dieu le sait. Où avez-vous pris que je sache faire danser? Je ne sais que la Marseillaise, que je joue d'un seul doigt. Si vous vous adressiez à Eugène, à la bonne heure; voilà un garçon qui s'y entend! Mais je ne veux pas l'ennuyer à ce point, je m'en garderai bien. Il n'y a que vous ici d'assez indiscrète pour faire des choses pareilles sans crier gare. »

Pour la troisième fois, Eugène rougit, et s'apprêta à faire ce qu'on lui demandait d'une façon si polie et si détournée. Il se mit donc au piano, et un quadrille s'organisa.

Ce fut presque aussi long que le souper. Après la contredanse, vint une valse; après une valse, le galop, car on galope encore un quartier Latin. Ces dames surtout étaient infatigables, et faisaient des gambades et des éclats de rire à réveiller tout le voisinage. Bientôt, Eugène, doublement fatigué par le bruit et par la veillée, tomba, tout en jouant machinalement, dans une sorte de demi-sommeil, comme les postillons qui dorment à cheval.

Les danseuses passaient et repassaient devant lui comme des fantômes dans un rêve; et, rien n'est plus aisément triste qu'un homme qui regarde rire les autres, la mélancolie, à laquelle il était sujet, ne tarda pas à s'emparer de lui. « Triste joie, pensait-il, misérables plaisirs! instants qu'on croit volés au malheur. Et qui sait laquelle de ces cinq personnes qui sautent si gaiement devant moi est sûre, comme disait Marcel, d'avoir de quoi dîner demain? »

Comme il faisait cette réflexion, Mlle Pinson passa près de lui; il crut la voir, tout en galopant, prendre à la dérobée un morceau de galette resté sur la table, et le mettre discrètement dans sa poche.

CHAPITRE V.

LE jour commençait à paraître quand la compagnie se sépara. Eugène, avant de rentrer chez lui, marcha quelque temps dans les rues pour respirer l'air frais du matin. Suivant toujours ses tristes pensées, il se répétait tout bas, malgré lui, la chanson de la grisette:

Elle n'a qu'une robe au monde
Et qu'un bonnet.

« Est-ce possible? se demandait-il. La misère peut-elle être poussée à ce point, se montrer si franchement, et se railler d'elle-même? Peut-on rire de ce qu'on manque de pain? »

Le morceau de galette emporté n'était pas un indice douteux. Eugène ne pouvait s'empêcher d'en sourire, et en même temps d'être ému de pitié.

« Cependant, pensait-il encore, elle a pris de la galette et non du pain; il se peut que ce soit par gourmandise. Qui sait? C'est peut-être l'enfant d'une voisine à qui elle veut rapporter un gâteau, peut-être une portière bavarde, qui raconterait qu'elle a passé la nuit dehors, un Cerbère qu'il faut apaiser. »

Ne regardant pas où il allait, Eugène s'était engagé par hasard dans ce dédale de petites rues qui sont derrière le carrefour Bucy, et dans lesquelles une voiture passe à peine. Au moment où il allait revenir sur ses pas, une femme enveloppée dans un mauvais peignoir, la tête nue, les cheveux en désordre, pâle et défaite, sortit d'une vieille maison.

Elle semblait tellement faible, qu'elle pouvait à peine marcher; ses genoux fléchissaient; elle s'appuyait sur les murailles, et paraissait vouloir se diriger vers une porte voisine, où se trouvait une boîte aux lettres, pour y jeter un billet qu'elle tenait à la main. Surpris et effrayé, Eugène s'approcha d'elle, et lui demanda où elle allait, ce qu'elle cherchait, et s'il pouvait l'aider.

En même temps, il étendit le bras pour la soutenir, car elle était près de tomber sur une borne.

Mais, sans lui répondre, elle recula avec une sorte de crainte et de fierté. Elle posa son billet sur la borne, montra du doigt la boîte, et paraissait rassembler toutes ses forces : « Là! » dit-elle seulement; puis, continuant à se traîner aux murs, elle regagna la maison. Eugène essaya en vain de l'obliger à prendre son bras et de renouveler ses questions, elle rentra dans l'allée sombre et étroite d'où elle était sortie.

Eugène avait ramassé la lettre, il fit d'abord quelques pas pour la mettre à la poste, mais il s'arrêta bientôt. Cette étrange rencontre l'avait si fort troublé, et il se sentait frappé d'une sorte d'horreur mêlée d'une compassion si vive, que, avant de prendre le temps de la réflexion, il rompit le cachet presque involontairement.

Il lui semblait odieux et impossible de ne pas chercher, n'importe par quel moyen, à pénétrer un tel mystère. Évidemment cette femme était mourante, était-ce de maladie ou de faim? Ce devait être, en tout cas, la misère. Eugène ouvrit la lettre, elle portait sur l'adresse: « A monsieur le baron... », et renfermait ce qui suit:

« Lisez cette lettre, monsieur, et, par pitié, ne rejetez pas ma prière. Vous pouvez me sauver, et vous seul le pouvez. Croyez ce que je vous dis, sauvez-moi, et vous aurez fait une bonne action, qui vous portera bonheur. Je viens de faire une cruelle maladie, qui m'a ôté le peu de force et de courage que j'avais. Le mois d'août, je rentre en magasin; mes effets sont retenus dans mon dernier logement, et j'ai presque la certitude qu'avant samedi, je me trouverai tout à fait sans asile. J'ai si peur de mourir de faim, que ce matin, j'avais pris la résolution de me jeter à l'eau, car je n'ai rien pris encore depuis vingt-quatre heures. Lorsque je me suis souvenue de vous, un peu d'espoir m'est venu au cœur. N'est-ce pas que je ne me suis pas trompée? Monsieur, je vous en supplie à genoux, si peu que vous ferez pour moi me laissera respirer encore quelques jours. Moi, j'ai peur de mourir, et puis je n'ai que vingt-trois ans! Je viendrai peut-être à bout, avec un peu d'aide, d'attendre le premier du mois. Si je savais des mots pour exciter votre pitié, je vous les dirais, mais rien ne me vient à l'idée. Je ne puis que pleurer de mon impuissance, car, je le crains bien, vous ferez de ma lettre comme on fait quand on en reçoit trop souvent de pareilles; vous la déchirerez sans penser qu'une pauvre femme est là qui attend les heures et les minutes avec l'espoir que vous avez trouvé qu'il serait trop cruel de la laisser ainsi dans l'incertitude. Ce n'est pas l'idée de donner un louis, car si peu de chose pour vous, qui vous retiendra, j'en suis persuadée; aussi il me semble que rien ne vous est plus facile que de plier cette aumône dans un papier et de mettre sur l'adresse: « A Mademoiselle Bertin, rue de l'Eperon. » J'ai changé de nom depuis que je travaille dans les magasins, car le mien est celui de ma mère. En sortant de chez vous, donnez cela à un commissionnaire. J'attendrai mercredi et jeudi, et je prierai avec ferveur pour que Dieu vous rende humain.

« Il me vient à l'idée que vous ne croyez pas à tant de misère; mais si vous me voyiez, vous seriez convaincu.

« ROUGETTE. »

Si Eugène avait d'abord été touché en lisant ces lignes, son étonnement redoubla, on le pense bien, lorsqu'il vit la signature. Ainsi, c'était cette même fille qui avait follement dépensé son argent en parties de plaisir, et imaginé ce souper ridicule raconté par Mlle Pinson, c'était elle que le malheur réduisait à cette souffrance et à cette suppliante prière!

Tant d'imprévoyance et de folie semblait à Eugène un rêve incroyable. Mais point de doute, la signature était là; et Mlle Pinson, dans le courant de la soirée, avait également prononcé le nom de guerre de son amie Mlle Bertin.

Comment se trouvait-elle tout à coup abandonnée, sans secours, sans asile, presque sans asile? Que faisaient ses amies de la veille, pendant qu'elle expirait peut-être dans quelque grenier de cette maison? Et qu'était-ce que cette maison même où l'on pouvait mourir ainsi?

Ce n'était pas le moment de faire des conjectures; le plus pressé était de venir au secours de la faim.

Eugène commença par entrer dans la boutique d'un restaurateur qui venait de s'ouvrir, et par acheter ce qu'il put y trouver. Cela fait, il s'achemina, suivi du garçon, vers le logis de Rougette; mais il éprouvait de l'embarras à se présenter brusquement ainsi.

L'air de fierté qu'il avait trouvé à cette pauvre fille lui faisait craindre, sinon un refus, du moins un mouvement de vanité blessée; comment lui avouer qu'il avait lu sa lettre?

Lorsqu'il fut arrivé devant la porte:

« Connaissez-vous, dit-il au garçon, une jeune personne qui demeure dans cette maison, et qui s'appelle Mlle Bertin?

— Oh! que oui! monsieur, répondit le garçon. C'est

nous qui portons habituellement chez elle. Mais si monsieur y va, ce n'est pas le jour. Actuellement, elle est à la campagne.

— Qui vous l'a dit? demanda Eugène.

— Pardi! monsieur, c'est la portière. Mlle Rougette aime à bien dîner, mais elle n'aime pas beaucoup à payer. Elle a plus tôt fait de commander des poulets rôtis et des homards que rien du tout; mais pour avoir son argent, ce n'est pas une fois qu'il faut y retourner. Aussi nous savons, dans le quartier, quand elle y est ou quand elle n'y est pas.

— Elle est revenue, reprit Eugène. Montez chez elle, laissez-lui ce que vous portez, et si elle vous doit quelque chose, ne lui demandez rien aujourd'hui. Cela me regarde et je reviendrai. Si elle veut savoir qui lui envoie ceci, vous lui répondrez que c'est le baron de... »

Sur ces mots, Eugène s'éloigna. Chemin faisant, il rajusta comme il put le cachet de la lettre, et la mit à la poste.

« Après tout, pensa-t-il, Rougette ne refusera pas, et si elle trouve que la réponse à son billet a été un peu prompte, elle s'en expliquera avec son baron. »

CHAPITRE VI

Les étudiants, non plus que les grisettes, ne sont pas riches tous les jours. Eugène comprenait très bien que, pour donner un air de vraisemblance à la petite fraude que le garçon devait faire, il eût fallu joindre à son envoi le louis que demandait Rougette; mais là était la difficulté.

Les louis ne sont pas précisément la monnaie courante de la rue Saint-Jacques.

D'une autre part, Eugène venait de s'engager à payer le restaurateur, et, par malheur, son tiroir, en ce moment, n'était guère mieux garni que sa poche. C'est pourquoi il prit sans différer le chemin de la place du Panthéon.

En ce temps-là demeurait encore sur cette place ce fameux barbier qui a fait banqueroute, et s'est ruiné en ruinant les autres.

Là, dans l'arrière-boutique, où se faisait en secret la grande et la petite usure, venait tous les jours l'étudiant pauvre et sans souci, amoureux peut-être, emprunter à énorme intérêt quelques pièces dépensées gaiement le soir, et chèrement payées le lendemain.

Là entrait furtivement la grisette, la tête basse, le regard honteux, venant louer pour une partie de campagne un chapeau fané, un châle reteint, une chemise achetée au mont-de-piété.

Là, des jeunes gens de bonne maison, ayant besoin de vingt-cinq louis, souscrivaient pour deux ou trois mille francs de lettres de change. Des mineurs mangeaient leur bien en herbe; des étourdis ruinaient leur famille, et souvent perdaient leur avenir.

Depuis la courtisane titrée, à qui un bracelet tourne la tête, jusqu'au cuistre nécessiteux qui convoite un bouquin ou un plat de lentilles, tout venait là comme aux sources du Pactole, et l'usurier, fier de sa clientèle et de ses exploits jusqu'à s'en vanter, entretenait la prison de Clichy en attendant qu'il y allât lui-même.

Telle était la triste ressource à laquelle Eugène, bien qu'avec répugnance, allait avoir recours pour obliger Rougette, ou pour être du moins en mesure de le faire; car il ne lui semblait pas prouvé que la demande adressée au baron produisit l'effet désirable. C'était de la part d'un étudiant beaucoup de charité, à vrai dire, que de s'engager ainsi pour une inconnue; mais Eugène croyait en Dieu : toute bonne action lui semblait nécessaire.

Le premier visage qu'il aperçut, en entrant chez le barbier, fut celui de son ami Marcel, assis devant une toilette, une serviette au cou, et feignant de se faire coiffer.

Le pauvre garçon venait peut-être chercher de quoi payer son souper de la veille; il semblait fort préoccupé, et fronçait les sourcils d'un air peu satisfait, tandis que le coiffeur, feignant de son côté de lui passer dans les cheveux un fer parfaitement froid, lui parlait à demi-voix dans son accent gascon.

Devant une autre toilette, dans un petit cabinet, se tenait assis, également affublé d'une serviette, un étranger fort inquiet, regardant sans cesse de côté et d'autre, et par la porte entr'ouverte de l'arrière-boutique, on apercevait, dans une psyché, la silhouette passablement maigre d'une jeune fille, qui, aidée par la femme du coiffeur, essayait une robe à carreaux écossais.

« Que viens-tu faire ici à cette heure? » s'écria Marcel, dont la figure reprit l'expression de sa bonne humeur habituelle, dès qu'il reconnut son ami.

Eugène s'assit près de la toilette, et expliqua en peu de mots la rencontre qu'il avait faite et le dessein qui l'amenait.

« Ma foi, dit Marcel, tu es bien candide. De quoi te mêles-tu, puisqu'il y a un baron? Tu as vu une jeune fille intéressante qui éprouvait le besoin de prendre quelque nourriture; tu lui as payé un poulet froid, c'est digne de toi; il n'y a rien à dire. Tu n'exiges d'elle aucune reconnaissance, l'incognito te plaît; c'est héroïque. Mais aller plus loin, c'est de la chevalerie. Engager sa montre ou sa signature pour une lingère que protège un baron, et que l'on n'a pas l'honneur de fréquenter, cela ne s'est pratiqué, de mémoire humaine, que dans la Bibliothèque bleue.

— Ris de moi si tu veux, répondit Eugène. Je sais qu'il y a dans ce monde beaucoup plus de malheureux que je n'en puis soulager. Ceux que je ne connais pas, je les plains; mais si j'en vois un, il faut que je l'aide. Il m'est impossible, quoi que je fasse, de rester indifférent devant la souffrance. Ma charité ne va pas jusqu'à chercher les pauvres, je ne suis pas assez riche pour cela; mais, quand je les trouve, je fais l'aumône.

— En ce cas, reprit Marcel, tu as fort à faire; il n'en manque pas dans ce pays-ci.

— Qu'importe! dit Eugène, encore ému du spectacle dont il venait d'être témoin : vaut-il mieux laisser mourir les gens et passer son chemin? Cette malheureuse est une folle, tout ce que tu voudras; elle ne mérite peut-être pas la compassion qu'elle fait naître; mais cette compassion, je la sens. Vaut-il mieux agir comme ses bonnes amies, qui ne semblent plus se soucier d'elle que si elle n'était plus au monde, et qui l'aidaient hier à se ruiner? A qui peut-elle avoir recours? A un étranger qui allumera un cigare avec sa lettre, ou Mlle Pinson, je suppose, qui soupe en ville et danse de tout son cœur, pendant que sa compagne meurt de faim? Je t'avoue, mon cher Marcel, que tout cela, bien sincèrement, me fait horreur. Cette petite évaporée d'hier soir, avec sa chanson et ses quolibets, riant et babillant chez toi, au moment même où l'autre, l'héroïne de ton conte, expire dans un grenier, me soulève le cœur. Vivre ainsi en amies, presque en sœurs, pendant des jours et des semaines, courir les théâtres, les bals, les cafés, et ne pas savoir le lendemain si l'une est morte et l'autre en vie, c'est pis que l'indifférence des égoïstes, c'est l'insensibilité de la brute. Ta Mlle Pinson est un monstre, et tes grisettes que tu vantes, ces mœurs sans vergogne, ces amitiés sans âme, je ne sais rien de si méprisable! »

Le barbier, qui, pendant ces discours, avait écouté en silence, et continué de promener son fer froid sur la tête de Marcel, sourit d'un air malin lorsque Eugène se tut.

Tour à tour bavard comme une pie, ou plutôt comme un perruquier qu'il était, lorsqu'il s'agissait de méchants propos, taciturne et laconique comme un Spartiate dès que les affaires étaient en jeu, il avait adopté la prudente habitude de laisser toujours d'abord parler ses pratiques avant de mêler son mot à la conversation.

L'indignation qu'exprimait Eugène en termes si violent lui fit toutefois rompre le silence.

« Vous êtes sévère, monsieur, dit-il en riant et en gasconnant. J'ai l'honneur de coiffer Mlle Mimi, et je crois que c'est une fort excellente personne.

— Oui, dit Eugène, excellente en effet s'il est question de boire et de fumer.

— Possible, reprit le barbier, je ne dis pas non. Les jeunes personnes, ça rit, ça chante, ça fume, mais il y en a qui ont du cœur.

— Où voulez-vous en venir, père Cadédis? demanda Marcel. Pas tant de diplomatie; expliquez-vous tout net.

— Je veux dire, répliqua le barbier en montrant l'arrière-boutique, qu'il y a là, pendue à un clou, une petite robe de soie noire que ces messieurs connaissent sans doute, s'ils connaissent la propriétaire, car elle ne possède pas une garde-robe très compliquée. Mlle Mimi m'a envoyé cette robe ce matin au petit jour; et je présume que, si elle n'est pas venue au secours de la petite Rougette, c'est qu'elle-même ne roule pas sur l'or.

— Voilà qui est curieux, dit Marcel, se levant et entrant dans l'arrière-boutique, sans égard pour la pauvre femme aux carreaux écossais. La chanson de Mimi en a donc menti, puisqu'elle met sa robe en gage? Mais avec quoi diable fera-t-elle ses visites à présent? Elle ne va donc pas dans le monde aujourd'hui? »

Eugène avait suivi son ami.

Le barbier ne les trompait pas: dans un coin poudreux, au milieu d'autres hardes de toute espèce, était humblement et tristement suspendue l'unique robe de Mlle Pinson.

« C'est bien cela, dit Marcel; je reconnais ce vêtement pour l'avoir vu tout neuf il y a dix-huit mois. C'est la robe de chambre, l'amazone et l'uniforme de parade de Mimi. Il doit y avoir à la manche gauche une petite tache grosse comme une pièce de cinq sous causée par le vin de Champagne. Et combien avez-vous prêté là-dessus père Cadédis? Car je suppose que cette robe n'est pas vendue et qu'elle ne se trouve dans ce boudoir qu'en qualité de nantissement.

— J'ai prêté quatre francs, répondit le barbier; et je vous assure, monsieur, que c'est pure charité. A toute autre je n'aurais pas avancé plus de quarante sous; car la pièce est diablement mûre; on y voit à travers, c'est une lanterne magique. Mais je sais que Mlle Mimi me payera; elle est bonne pour quatre francs.

— Pauvre Mimi! reprit Marcel. Je gagerais tout de suite mon bonnet, qu'elle n'a emprunté cette petite somme que pour l'envoyer à Rougette.

— Ou pour payer quelque dette criarde, dit Eugène.

— Non, dit Marcel, je connais Mimi; je la crois incapable de se dépouiller pour un créancier.

— Possible encore, dit le barbier. J'ai connu Mlle Mimi dans une position meilleure que celle où elle se trouve actuellement; elle avait alors un grand nombre de dettes. On se présentait journellement chez elle pour saisir ce qu'elle possédait, on en avait fini, en effet, par lui prendre tous ses meubles, excepté son lit, car ces messieurs savent sans doute qu'on ne prend pas le lit d'un débiteur. Or, Mlle Mimi avait dans ce temps-là quatre robes fort convenables. Elle les mettait toutes les quatre l'une sur l'autre, et elle couchait avec pour qu'on ne les saisît pas; c'est pourquoi je serais surpris si, n'ayant plus qu'une seule robe aujourd'hui, elle l'engageait pour payer quelqu'un.

— Pauvre Mimi! répéta Marcel. Mais, en vérité, comment s'arrange-t-elle? Elle a donc trompé ses amis? Elle possède donc un vêtement inconnu? Peut-être se trouve-t-elle malade d'avoir trop mangé de galette, et, en effet, si elle est au lit, elle n'a que faire de s'habiller. N'importe, père Cadédis, cette robe me fait peine, avec ses manches pendantes qui ont l'air de demander grâce; tenez, retranchez-moi quatre francs sur les trente-cinq livres que vous venez de m'avancer: et mettez-moi cette robe dans une serviette, que je la rapporte à cette enfant. Eh bien! Eugène, continua-t-il, que dit à cela ta charité chrétienne?

— Que tu as raison, répondit Eugène, de parler et d'agir comme tu fais, mais que je n'ai peut-être pas tort, j'en fais le pari, si tu veux.

— Soit, dit Marcel, parions un cigare, comme les membres du Jockey-Club. Aussi bien, tu n'es plus sur faire ici. J'ai trente et un franc, nous sommes riches. Allons de ce pas chez Mlle Pinson; je suis curieux de la voir. »

Il mit la robe sous son bras, et tous deux sortirent de la boutique.

———o———

CHAPITRE VII

MADEMOISELLE est allée à la messe, répondit la portière aux deux étudiants, lorsqu'ils furent arrivés chez Mlle Pinson.

— A la messe! dit Eugène surpris.

— A la messe, répéta Marcel. C'est impossible, elle n'est pas sortie. Laissez-nous entrer. Nous sommes le vieux amis.

— Je vous assure, monsieur, répondit la portière, qu'elle est sortie pour aller à la messe, il y a environ trois quarts d'heure.

— Et à quelle église est-elle allée?

— A Saint-Sulpice, comme de coutume, elle n'y manque pas un matin.

— Oui, oui, je sais qu'elle prie le bon Dieu; mais cela me semble bizarre qu'elle soit dehors aujourd'hui.

— La voici qui rentre, monsieur; elle tourne la rue: vous la voyez vous-même. »

Mlle Pinson, sortant de l'église, revenait chez elle, en effet. Marcel ne l'eut pas plus tôt aperçue, qu'il courut à elle, impatient de voir de près sa toilette. Elle avait, en guise de robe, un jupon d'indienne foncée à demi caché sous un rideau de serge verte dont elle s'était fait, tant bien que mal, un châle.

De cet accoutrement singulier, mais qui, du reste, n'attirait pas les regards, à cause de sa couleur sombre, sortaient sa tête gracieuse coiffée de son bonnet blanc, et ses petits pieds chaussés de brodequins.

Elle s'était enveloppée dans son rideau avec tant d'art et de précaution, qu'il ressemblait vraiment à un vieux châle, et qu'on ne le voyait presque pas la bordure. En un mot, elle trouvait moyen de plaire encore avec cette friperie, et de prouver, une fois de plus sur terre, qu'une jolie femme est toujours jolie.

« Comment me trouvez-vous? dit-elle aux deux jeunes gens en écartant un peu son rideau, et en laissant voir sa fine taille serrée dans son corset. C'est un déshabillé du matin que Palmyre vient de m'apporter.

— Vous êtes charmante, dit Marcel. Ma foi, je n'aurais jamais cru qu'on pût avoir si bonne mine avec le châle d'une fenêtre.

— En vérité? reprit Mlle Pinson; j'ai pourtant l'air un peu paquet.

— Paquet de roses, répondit Marcel. J'ai presque regret maintenant de vous avoir rapporté votre robe.

— Ma robe? Où l'avez-vous trouvée?

— Où elle était, apparemment.

— Et vous l'avez tirée de l'esclavage?

— Eh, mon Dieu! oui, j'ai payé sa rançon. M'en voulez-vous de cette audace?

— Non pas! à charge de revanche. Je suis très aise de revoir ma robe; car, je vous dire vrai, voilà déjà longtemps que nous vivons ensemble, et je m'y suis attachée insensiblement. »

En parlant ainsi, Mlle Pinson montait lestement les cinq étages qui conduisaient à sa chambrette où les deux amis entrèrent avec elle.

« Je ne puis pourtant, reprit Marcel, vous rendre cette robe qu'à une condition.

— Fi donc! dit la grisette. Quelque sottise? Des conditions? Je n'en veux pas.

— J'ai fait un pari, dit Marcel; il faut que vous nous disiez franchement pourquoi cette robe était en gage.

— Laissez-moi d'abord la remettre, répondit Mlle Pinson; je vous dirai ensuite mon pourquoi. Mais je vous préviens que, si vous ne voulez pas faire antichambre dans mon armoire ou sur la gouttière, il faut, pendant que vous m'habillez, que vous vous voilez la face comme Agamemnon.

— Qu'à cela ne tienne, dit Marcel; nous sommes plus honnêtes qu'on ne le pense, et je ne hasarderai pas même un œil.

— Attendez, reprit Mlle Pinson; je suis pleine de confiance, mais la sagesse des nations nous dit que deux précautions valent mieux qu'une. »

En même temps elle se débarrassa de son rideau, et

l'étendit délicatement sur la tête des deux amis, de manière à les rendre complètement aveugles.

« Ne bougez pas, leur dit-elle; c'est l'affaire d'un instant.

— Prenez garde à vous, dit Marcel. S'il y a un trou au rideau, je ne réponds de rien. Vous ne voulez pas vous contenter de notre parole, par conséquent, elle est dégagée.

— Heureusement ma robe l'est aussi, dit Mlle Pinson; et ma taille aussi, ajouta-t-elle en riant et en jetant le rideau par terre. Pauvre petite robe! Il me semble qu'elle est toute neuve. J'ai un plaisir à me sentir dedans!

— Et votre secret? nous le direz-vous maintenant? Voyons, soyez sincère, nous ne sommes pas bavards. Pourquoi et comment une jeune personne comme vous, sage, rangée, vertueuse et modeste, a-t-elle pu accrocher ainsi, d'un seul coup, toute sa garde-robe à un clou?

— Pourquoi?... pourquoi?... répondit Mlle Pinson, paraissant hésiter. Puis elle prit les deux jeunes gens chacun par un bras, et leur dit en les poussant vers la porte: « Venez avec moi, vous verrez. »

Comme Marcel s'y attendait, elle les conduisit rue de l'Eperon.

CHAPITRE VIII

Marcel avait gagné son pari. Les quatre francs et le morceau de galette de Mlle Pinson étaient sur la table de Rougette, avec les débris du poulet d'Eugène.

La pauvre malade allait un peu mieux, mais elle gardait encore le lit; et, quelle que fût sa reconnaissance envers son bienfaiteur inconnu, elle fit dire à ces messieurs, par son amie, qu'elle les priait de l'excuser, et qu'elle n'était pas en état de les recevoir.

« Que je la reconnais bien là! dit Marcel; elle mourrait sur la paille dans sa mansarde, qu'elle ferait encore la duchesse, vis-à-vis de son pot à l'eau. »

Les deux amis, bien qu'à regret, furent donc obligés de s'en retourner chez eux comme ils étaient venus, non sans rire entre eux de cette fierté et de cette discrétion si étrangement nichées dans une mansarde.

Après avoir été à l'Ecole de Médecine suivre les leçons du jour, ils dînèrent ensemble, et le soir venu, ils firent un tour de promenade au boulevard Italien. Là, tout en fumant le cigare qu'il avait gagné le matin:

« Avec tout cela, disait Marcel, n'es-tu pas forcé de convenir que j'ai raison d'aimer, au fond, et même d'estimer ces pauvres créatures? Considérons sainement les choses sous un point de vue philosophique. Cette petite Mimi, que tu as tant calomniée, ne fait-elle pas, en se dépouillant de sa robe, une œuvre plus louable, plus méritoire, j'ose même dire plus chrétienne, que le bon roi Robert en laissant un pauvre couper la frange de son manteau?

« Le bon roi Robert, d'une part, avait évidemment quantité de manteaux; d'un autre côté, il était à table, dit l'histoire, lorsqu'un mendiant s'approcha de lui, en se traînant à quatre pattes, et coupa avec des ciseaux la frange d'or de l'habit de son roi. Madame la reine trouva la chose mauvaise, et le digne monarque, il est vrai, pardonna généreusement au coupeur de frange; mais peut-être avait-il bien dîné.

« Vois quelle distance entre lui et Mimi! Mimi, quand elle a appris l'infortune de Rougette, assurément était à jeun. Sois convaincu que le morceau de galette qu'elle avait emporté de chez moi était destiné par avance à composer son propre repas.

« Or, que fait-elle? Au lieu de déjeuner, elle va à la messe, et en ceci se montre encore au moins l'égale du roi Robert, qui était fort pieux, j'en conviens, mais qui perdait son temps à chanter au lutrin, pendant que les Normands faisaient le diable à quatre. Le roi Robert abandonne sa frange, et, en somme, le manteau lui reste.

« Mimi envoie sa robe entière au père Cadédis, action incomparable en ce que Mimi est femme, jeune, jolie, coquette et pauvre; et note bien que cette robe lui est nécessaire pour qu'elle puisse aller, comme de coutume, à son magasin, gagner le pain de sa journée. Non seulement donc elle se prive du morceau de galette qu'elle allait avaler, mais elle se met volontairement dans le cas de ne pas dîner. Observons en outre que le père Cadédis est fort éloigné d'être un mendiant, et de se traîner à quatre pattes sous la table.

« Le roi Robert, renonçant à sa frange, ne fait pas un grand sacrifice, puisqu'il la trouve toute coupée d'avance, et c'est à savoir si cette frange était coupée de travers ou non, et en état d'être recousue: tandis que Mimi, de son propre mouvement, arrache elle-même de dessus son pauvre corps ce vêtement, plus précieux, plus utile que le clinquant de tous les passementiers de Paris. Elle sort vêtue d'un rideau; mais sois sûr qu'elle n'irait pas ainsi dans un autre lieu que l'église. Elle se ferait plutôt couper un bras que de se laisser voir ainsi fagotée au Luxembourg ou aux Tuileries; mais elle ose se montrer à Dieu, parce qu'il est l'heure où elle prie tous les jours.

« Crois-moi, Eugène, dans ce seul fait de traverser avec son rideau la place Saint-Michel, la rue de Tournon et la rue du Petit-Lion, où elle connaît tout le monde, il y a plus de courage, d'humilité et de religion véritable que dans tous les hymnes du bon roi Robert, dont tout le monde parle pourtant, depuis le grand Bossuet jusqu'au plat Anquetil, tandis que Mimi mourra inconnue dans son cinquième étage, entre un pot de fleurs et un ourlet.

— Tant mieux pour elle, dit Eugène.

— Si je voulais maintenant, dit Marcel, continuer à comparer, je pourrais te faire un parallèle entre Mucius Scœvola et Rougette. Penses-tu, en effet, qu'il soit plus difficile à un Romain du temps de Tarquin de tenir son bras, pendant cinq minutes, au-dessus d'un réchaud allumé, qu'à une grisette contemporaine de rester vingt-quatre heures sans manger? Ni l'un ni l'autre n'ont crié, mais examine par quels motifs. Mucius est au milieu d'un camp, en présence d'un roi étrusque qu'il a voulu assassiner; il a manqué son coup d'une manière pitoyable, il est entre les mains des gendarmes. Qu'imagine-t-il? Une bravade.

« Pour qu'on l'admire avant qu'on le pende, il se roussit le poing sur un tison (car rien ne prouve que le brasier fût bien chaud, ni que le poing soit tombé en cendres). Là-dessus, le digne Porsenna, stupéfait de sa fanfaronnade, lui pardonne et le renvoie chez lui. Il est à parier que ledit Porsenna, capable d'un tel pardon, avait une bonne figure, et que Scœvola se doutait que, en sacrifiant son bras, il sauvait sa tête. Rougette, au contraire, endure patiemment le plus horrible et le plus lent des supplices, celui de la faim; personne ne la regarde. Elle est seule au fond d'un grenier, et elle n'a là pour l'admirer ni Porsenna, c'est-à-dire le baron, ni les Romains, c'est-à-dire les voisins, ni les Etrusques, c'est-à-dire ses créanciers; ni même le brasier, car son poêle est éteint.

« Or, pourquoi souffre-t-elle sans se plaindre? Par vanité d'abord, cela est certain, mais Mucius est dans le même cas, par grandeur d'âme ensuite, et ici est sa gloire; car si elle reste muette derrière son verrou, c'est précisément pour que ses amis ne sachent pas qu'elle se meurt, pour qu'on n'ait pas pitié de son courage, pour que sa camarade Pinson, qu'elle sait bonne et toute dévouée, ne soit pas obligée, comme elle l'a fait, de lui donner sa robe et sa galette.

« Mucius, à la place de Rougette, eût fait semblant de mourir en silence, mais il eût été dans un carrefour où à la porte de Flicoteaux. Son taciturne et sublime orgueil eût été une manière délicate de demander à l'assistance un verre de vin et un croûton.

« Rougette, il est vrai, a demandé un louis au baron, que je persiste à comparer à Porsenna. Mais ne vois-tu pas que le baron doit évidemment être redevable à Rougette de quelques obligations personnelles? Cela saute aux yeux du monde clairvoyant. Comme tu l'as, d'ailleurs, sagement remarqué, il se peut que le baron soit à la campagne, et dès lors Rougette est perdue. Et ne crois pas pouvoir me répondre ici par cette vaine objection qu'on suppose à toutes les belles actions des femmes, à savoir qu'elles ne savent ce qu'elles font, et qu'elles courent au danger comme les chats sur les gouttières. Rougette sait ce que c'est que la mort, elle l'a vue de près, au pont d'Iéna, car elle s'est déjà jetée à l'eau une fois, et je lui ai demandé si elle avait souffert.

« Elle m'a dit que non, qu'elle n'avait rien senti, excepté au moment où on l'avait repêchée, parce que les bateliers la tiraient par les jambes, et qu'ils lui avaient, à ce qu'elle disait, *racté* la tête sur le bord du bateau.

— Assez! dit Eugène, fais-moi grâce de tes affreuses plaisanteries. Réponds-moi sérieusement; crois-tu que de si horribles épreuves, tant de fois répétées, toujours menaçantes, puissent enfin porter quelques fruits? Ces pauvres livrées à elles-mêmes, sans appui, sans conseil, ont-elles assez de bon sens pour avoir de l'expérience? Y a-t-il un démon attaché à elles, qui les voue à tout jamais au malheur et à la folie, ou, malgré tant d'extravagances, peuvent-elles revenir au bien? En voilà une qui prie Dieu, dis-tu? elle va à l'église, elle remplit ses devoirs, elle vit honnêtement de son travail, ses compagnes paraissent l'estimer... et vous autres mauvais sujets, vous ne la traitez pas vous-mêmes avec votre légèreté habituelle.

« En voilà une autre qui passe sans cesse de l'étourderie à la misère, de la prodigalité aux horreurs de la faim. Certes, elle doit se rappeler longtemps les leçons cruelles qu'elle reçoit. Crois-tu que, avec de sages avis, une conduite réglée, un peu d'aide, on puisse faire de telles femmes des êtres raisonnables? S'il en est ainsi, dis-le-moi; une occasion s'offre à nous. Allons de ce pas chez la pauvre Rougette; elle est sans doute encore bien souffrante, et son amie veille à son chevet. Ne me décourage pas, laisse-moi agir. Je veux essayer de les ramener dans la bonne route, de leur parler un langage sincère; je ne veux leur faire ni sermon ni reproches. Je veux m'approcher de ce lit, leur prendre la main, et leur dire... »

En ce moment, les deux amis passaient devant le café Tortoni. La silhouette de deux jeunes femmes, qui prenaient des glaces près d'une fenêtre, se dessinait à la clarté des lustres. L'une d'elles agita son mouchoir, et l'autre partit d'un éclat de rire.

« Parbleu! dit Marcel, si tu veux leur parler, nous n'avons que faire d'aller si loin, car les voilà, Dieu me pardonne! Je reconnais Mimi, à sa robe, et Rougette à son panache blanc, toujours sur le chemin de la friandise. Il paraît que monsieur le baron a bien fait les choses.

— Et une pareille folie, dit Eugène, ne t'épouvante pas?

— Si fait, dit Marcel; mais, je t'en prie, quand tu diras du mal des grisettes, fais une exception pour la petite Pinson. Elle nous a conté une histoire à souper, elle a engagé sa robe pour quatre francs, elle s'est fait un châle avec un rideau; et qui dit ce qu'il sait, qui donne ce qu'il a, qui fait ce qu'il peut, n'est pas obligé à davantage. »

HISTOIRE D'UN MERLE BLANC

CHAPITRE PREMIER

U'IL est glorieux, mais qu'il est pénible d'être en ce monde un merle exceptionnel! Je ne suis point un oiseau fabuleux, et M. de Buffon m'a décrit. Mais, hélas! je suis extrêmement rare, et très difficile à trouver. Plût au ciel que je fusse tout à fait impossible!

Mon père et ma mère étaient deux bonnes gens qui vivaient, depuis nombre d'années, au fond d'un vieux jardin retiré du Marais. C'était un ménage exemplaire. Pendant que ma mère, assise dans un buisson fourré, pondait régulièrement trois fois par an et couvait, tout en sommeillant avec une religion patriarcale, mon père, encore fort propre et fort pétulant, malgré son grand âge, picorait autour d'elle toute la journée, lui apportant de beaux insectes qu'il saisissait délicatement par le bout de la queue pour ne pas dégoûter sa femme, et la nuit venue, il ne manquait jamais, quand il faisait beau, de la régaler d'une chanson qui réjouissait tout le voisinage.

Jamais une querelle, jamais le moindre nuage n'avait troublé cette douce union.

A peine fus-je au monde, que, pour la première fois de sa vie, mon père commença à montrer de la mauvaise humeur. Bien que je ne fusse encore que d'un gris douteux, il ne reconnaissait en moi ni la couleur, ni la tournure de sa nombreuse postérité.

« Voilà un sale enfant, disait-il quelquefois en me regardant de travers; il faut que ce gamin-là aille apparemment se fourrer dans tous les plâtras et tous les tas de boue qu'il rencontre, pour être toujours si laid et si crotté.

— Eh, mon Dieu! mon ami, répondait ma mère, toujours roulée en boule dans une vieille écuelle dont elle avait fait son nid, ne voyez-vous pas que c'est de son âge?

« Et vous-même, dans votre jeune temps, n'avez-vous pas été un charmant vaurien? Laissez grandir notre merlichon, et vous verrez comme il sera beau; il est des mieux que j'aie pondus. »

Tout en prenant ainsi ma défense, ma mère ne s'y trompait pas; elle voyait pousser mon fatal plumage, qui lui semblait une monstruosité; mais elle faisait comme toutes les mères qui s'attachent souvent à leurs enfants par cela même qu'ils sont maltraités de la nature, comme si la faute en était à elles, ou comme si elles repoussaient d'avance l'injustice du sort qui doit les frapper.

Quand vint le temps de la première mue, mon père devint tout à fait pensif et me considéra attentivement. Tant que mes plumes tombèrent, il me traita encore avec assez de bonté et me donna même la pâtée, me voyant grelotter presque nu dans un coin; mais dès que mes pauvres ailerons transis commencèrent à se recouvrir de duvet, à chaque plume blanche qu'il vit paraître, il entra dans une telle colère, que je craignis qu'il ne me plumât pour le reste de mes jours. Hélas! je n'avais pas de miroir; j'ignorais le sujet de cette fureur, et je me demandais pourquoi le meilleur des pères se montrait pour moi si barbare.

Un jour qu'un rayon de soleil et ma fourrure naissante m'avaient mis, malgré moi, le cœur en joie, comme je voltigeais dans une allée, je me mis, pour mon malheur, à chanter. A la première note qu'il entendit, mon père sauta en l'air comme une fusée.

« Qu'est-ce que j'entends là? s'écria-t-il; est-ce ainsi qu'un merle siffle? est-ce ainsi que je siffle? est-ce là siffler? »

Et, s'abattant près de ma mère avec la contenance la plus terrible:

« Malheureuse, dit-il, qui est-ce qui a pondu dans ton nid? »

A ces mots, ma mère indignée s'élança de son écuelle.

non sans se faire du mal à une patte; elle voulut parler, mais ses sanglots la suffoquaient; elle tomba à terre à demi pâmée. Je la vis près d'expirer; épouvanté et tremblant de peur, je me jetai aux genoux de mon père.

« O mon père! lui dis-je, si je siffle de travers, et si je suis mal vêtu, que ma mère n'en soit point punie. Est-ce sa faute si la nature m'a refusé une voix comme la vôtre?

« Est-ce sa faute si je n'ai pas votre beau bec jaune, et votre bel habit noir à la française, qui vous donnent l'air d'un marguillier en train d'avaler une omelette? Si le ciel a fait de moi un monstre, et si quelqu'un doit en porter la peine: que je sois du moins le seul malheureux!

— Il ne s'agit pas de cela, dit mon père; que signifie la manière absurde dont tu viens de te permettre de siffler? qui t'a appris à siffler ainsi contre tous les usages et toutes les règles?

— Hélas! monsieur, répondis-je humblement, j'ai sifflé comme je pouvais, me sentant gai parce qu'il fait beau et ayant peut-être mangé trop de mouches.

— On ne siffle pas ainsi dans ma famille, reprit mon père hors de lui. Il y a des siècles que nous sifflons de père en fils, et, lorsque je fais entendre ma voix la nuit, apprends qu'il y a ici, au premier étage, un vieux monsieur, et au grenier une jeune grisette, qui ouvrent leurs fenêtres pour m'entendre. N'est-ce pas assez que j'aie devant les yeux l'affreuse couleur de tes sottes plumes qui te donnent l'air enfariné comme un pitre de la foire? Si je n'étais pas le plus pacifique des merles, je t'aurais déjà cent fois mis à nu, ni plus ni moins qu'un poulet de basse-cour prêt à être embroché.

— Eh bien! m'écriai-je, révolté de l'injustice de mon père, s'il en est ainsi, monsieur, qu'à cela ne tienne! je me déroberai à votre présence, je délivrerai vos regards de cette malheureuse queue blanche par laquelle vous me tirez toute la journée.

« Je partirai, monsieur, je fuirai; assez d'autres enfants consoleront votre vieillesse, puisque ma mère pond trois fois par an; j'irai loin de vous cacher ma misère, et peut-être, ajoutai-je en sanglotant, peut-être trouverai-je, dans le potager du voisin ou sur quelques gouttières, quelques vers de terre ou quelques araignées pour soutenir ma triste existence.

— Comme tu voudras, répliqua mon père, loin de s'attendrir à ce discours; que je ne te voie plus! Tu n'es pas mon fils; tu n'es pas un merle.

— Et que suis-je donc, monsieur, s'il vous plaît?

— Je n'en sais rien, mais tu n'es pas un merle? »

Après ces paroles foudroyantes, mon père s'éloigna à pas lents. Ma mère se releva tristement et alla, en boitant, achever de pleurer dans son écuelle. Pour moi, confus et désolé, je pris mon vol du mieux que je pus, et j'allai, comme je l'avais annoncé, me percher sur la gouttière d'une maison voisine.

CHAPITRE II

Mon père eut l'inhumanité de me laisser pendant plusieurs jours dans cette situation mortifiante. Malgré sa violence, il avait bon cœur, et aux regards détournés qu'il me lançait, je voyais bien qu'il aurait voulu me pardonner et me rappeler; ma mère, surtout, levait sans cesse vers moi des yeux pleins de tendresse, et se risquait même parfois à m'appeler d'un petit cri plaintif; mais mon horrible plumage blanc leur inspirait, malgré eux, une répugnance et un effroi auxquels je vis bien qu'il n'y avait point de remède.

« Je ne suis point un merle! me répétais-je; et, en effet, en m'épluchant le matin et en me mirant dans l'eau de la gouttière, je ne reconnaissais que trop clairement combien je ressemblais peu à ma famille.

« O ciel! répétais-je encore, apprends-moi donc ce que je suis! »

Une certaine nuit qu'il pleuvait à verse, j'allais m'endormir exténué de faim et de chagrin, lorsque je vis se poser près de moi un oiseau plus mouillé, plus pâle et plus maigre que je ne le croyais possible.

Il était à peu près de ma couleur, autant que j'en pus juger à travers la pluie qui nous inondait; à peine avait-il sur le corps assez de plumes pour habiller un moineau, et il était plus gros que moi. Il me sembla, au premier abord, un oiseau tout à fait pauvre et nécessiteux; mais il gardait, en dépit de l'orage qui maltraitait son front presque tondu, un air de fierté qui me charma. Je lui fis modestement une grande révérence, à laquelle il répondit par un coup de bec qui faillit me jeter au bas de la gouttière.

Voyant que je me grattais l'oreille et que je me retirais avec componction sans essayer de lui répondre en sa langue:

« Qui es-tu? me demanda-t-il d'une voix aussi enrouée que son crâne était chauve.

— Hélas! monseigneur, répondis-je (craignant une seconde estocade), je n'en sais rien. Je croyais être un merle, mais l'on m'a convaincu que je n'en suis pas un. »

La singularité de ma réponse et mon air de sincérité l'intéressèrent. Il s'approcha de moi et me fit conter mon histoire, ce dont je m'acquittai avec toute la tristesse et toute l'humilité qui convenaient à ma position, et au temps affreux qu'il faisait.

« Si tu étais un ramier comme moi, me dit-il après m'avoir écouté, les niaiseries dont tu t'affliges ne t'inquiéteraient pas un moment. Nous voyageons, c'est là notre vie, et nous avons bien nos amours, mais je ne sais qui est mon père.

« Fendre l'air, traverser l'espace, voir à nos pieds les monts et les plaines, respirer l'azur même des cieux, et non les exhalaisons de la terre, courir comme la flèche à un but marqué qui ne nous échappe jamais, voilà notre plaisir et notre existence. Je fais plus de chemin en un jour qu'un homme n'en peut faire en dix.

— Sur ma parole, monsieur, dis-je un peu enhardi, vous êtes un oiseau bohémien.

— C'est encore une chose dont je ne me soucie guère, reprit-il. Je n'ai point de pays; je ne connais que trois choses: les voyages, ma femme et mes petits. Où est ma femme, là est ma patrie.

— Mais qu'avez-vous là qui vous pend au cou? C'est comme une vieille papillotte chiffonnée.

— Ce sont des papiers d'importance, répondit-il en se rengorgeant; je vais à Bruxelles de ce pas, et je porte au célèbre banquier *** une nouvelle qui va faire baisser la rente d'un franc soixante-dix-huit centimes.

— Juste Dieu! m'écriai-je, c'est une belle existence que la vôtre, et Bruxelles, j'en suis sûr, doit être une ville bien curieuse à voir. Ne pourriez-vous pas m'emmener avec vous? Puisque je ne suis pas un merle, je suis peut-être un pigeon ramier.

— Si tu en étais un, répliqua-t-il, tu m'aurais rendu le coup de bec que je t'ai donné tout à l'heure.

— Eh bien! monsieur, je vous le rendrai; ne nous brouillons pas pour si peu de chose. Voilà le matin qui paraît et l'orage qui s'apaise. De grâce, laissez-moi vous suivre! Je suis perdu, je n'ai plus rien au monde; si vous me refusez, il ne me reste plus qu'à me noyer dans cette gouttière.

— Eh bien, en route! suis-moi si tu peux. »

Je jetai un dernier regard sur le jardin où dormait ma mère. Une larme coula de mes yeux; le vent et la pluie l'emportèrent. J'ouvris mes ailes et je partis.

CHAPITRE III

Mes ailes, je l'ai dit, n'étaient pas encore bien robustes. Tandis que mon conducteur allait comme le vent, je m'essoufflais à ses côtés; je tins bon pendant quelque temps, mais bientôt il me prit un éblouissement si violent, que je me sentis près de défaillir.

« Y en a-t-il encore pour longtemps? demandai-je d'une voix faible.

— Non, me répondit-il, nous sommes au Bourget; nous n'avons plus que soixante lieues à faire.

J'essayai de reprendre courage, ne voulant pas avoir l'air d'une poule mouillée, et je volai encore un quart d'heure; mais, pour le coup, j'étais rendu.

« Monsieur, bégayai-je de nouveau, ne pourrait-on pas s'arrêter un instant? J'ai une soif horrible qui me tourmente, et, en nous perchant sur un arbre...

— Va-t'en au diable! tu n'es qu'un merle! » me répondit le ramier en colère.

Et, sans daigner tourner la tête, il continua son voyage enragé. Quant à moi, abasourdi et n'y voyant plus, je tombai dans un champ de blé.

J'ignore combien de temps dura mon évanouissement. Lorsque je repris connaissance, ce qui me revint d'abord en mémoire, ce fut la dernière parole du ramier: « Tu n'es qu'un merle, » m'avait-il dit. — O mes chers parents! pensai-je, vous vous êtes donc trompés! Je vais retourner près de vous; vous me reconnaîtrez pour votre vrai et légitime enfant, et vous me rendrez ma place dans ce bon petit tas de feuilles qui est sous l'écuelle de ma mère.

Je fis un effort pour me lever: mais la fatigue du voyage et la douleur que je ressentais de ma chute me paralysaient tous les membres. A peine je fus-je dressé sur mes pattes, que la défaillance me reprit, et je retombai sur le flanc.

L'affreuse pensée de la mort se présentait déjà à mon esprit, lorsque, à travers les bluets et les coquelicots, je vis venir à moi, sur la pointe du pied, deux charmantes personnes.

L'une était une petite pie fort bien mouchetée, et extrêmement coquette, et l'autre une tourterelle couleur de rose. La tourterelle s'arrêta à quelques pas de distance, avec un grand air de pudeur et de compassion pour mon infortune; mais la pie s'approcha en sautillant de la manière la plus agréable du monde.

« Eh, bon Dieu! pauvre enfant, que faites-vous là? me demanda-t-elle d'une voix folâtre et argentine.

— Hélas! madame la marquise, répondis-je (car c'en devait être une pour le moins), je suis un pauvre diable de voyageur que son postillon a laissé en route, et je suis en train de mourir de faim.

— Sainte Vierge! que me dites-vous? » répondit-elle.

Et aussitôt elle se mit à voltiger çà et là sur les buissons qui nous entouraient, allant et venant de côté et d'autre, m'apportant quantité de baies et de fruits, dont elle fit un petit tas près de moi, tout en continuant ses questions.

« Mais qui êtes-vous? mais d'où venez-vous? C'est une chose incroyable que votre aventure! Et où alliez-vous? Voyager seul, si jeune, car vous sortez de votre première mue! Que font vos parents? d'où sont-ils? comment vous laissent-ils aller dans cet état-là? Mais c'est à faire dresser les plumes sur la tête! »

Pendant qu'elle parlait, je m'étais soulevé un peu de côté, et je mangeais de grand appétit. La tourterelle restait immobile, me regardant toujours d'un œil de pitié. Cependant elle remarqua que je retournais la tête d'un air languissant, et elle comprit que j'avais soif. De la pluie tombée dans la nuit une goutte restait sur un brin de mouron; elle recueillit timidement cette goutte dans son bec, et me l'apporta toute fraîche. Certainement, si je n'eusse pas été si malade, une personne si réservée ne se serait jamais permis une pareille démarche.

Je ne savais pas encore ce que c'est que l'amour, mais mon cœur battait violemment. Partagé entre deux émotions diverses, j'étais pénétré d'un charme inexplicable. Ma panetière était si gaie, mon échanson si expansif et si doux, que j'aurais voulu déjeuner ainsi pendant toute l'éternité. Malheureusement, tout a un terme, même l'appétit d'un convalescent.

Le repas fini et mes forces revenues, je satisfis la curiosité de la petite pie, et lui racontai mes malheurs avec autant de sincérité que je l'avais fait la veille devant le pigeon. La pie m'écouta avec plus d'attention qu'il ne semblait devoir lui appartenir, et la tourterelle me donna des marques charmantes de sa profonde sensibilité. Mais, lorsque j'en fus à toucher le point capital qui causait ma peine, c'est-à-dire l'ignorance où j'étais de moi-même:

« Plaisantez-vous? s'écria la pie; vous, un merle! vous, un pigeon! Fi donc! vous êtes une pie, mon cher enfant, pie s'il en fut, et très gentille pie, ajouta-t-elle en me donnant un petit coup d'aile, comme qui dirait un coup d'éventail.

— Mais, madame la marquise, répondis-je, il me semble que, pour une pie, je suis d'une couleur, ne vous en déplaise...

— Une pie russe, mon cher, vous êtes une pie russe! Vous ne savez pas qu'elles sont blanches? Pauvre garçon, quelle innocence!

— Mais, madame, repris-je, comment serais-je une pie russe, étant né au fond du Marais, dans une vieille écuelle cassée?

— Ah! le bon enfant! Vous êtes de l'invasion, mon cher; croyez-vous qu'il n'y ait que vous? Fiez-vous à moi, et laissez-vous faire; je veux vous emmener tout à l'heure et vous montrer les plus belles choses de la terre.

— Où cela, madame, s'il vous plaît ?

— Dans mon palais vert, mon mignon; vous verrez quelle vie on y mène. Vous n'aurez pas plutôt été pie un quart d'heure, que vous ne voudrez plus entendre parler d'autre chose. Nous sommes là une centaine, non pas de ces grosses pies de village qui demandent l'aumône sur les grands chemins, mais toutes nobles et de bonne compagnie, effilées, lestes, et pas plus grosses que le poing.

« Pas une de nous n'a ni plus ni moins de sept marques noires et de cinq marques blanches; c'est une chose invariable, et nous méprisons le reste du monde. Les marques noires vous manquent, il est vrai, mais votre qualité de Russe suffira pour vous faire admettre. Notre vie se compose de deux choses: caqueter et nous attifer. Depuis le matin jusqu'à midi nous nous attifons, et depuis midi jusqu'au soir, nous caquetons. Chacune de nous perche sur un arbre, le plus haut et le plus vieux possible.

« Au milieu de la forêt s'élève un chêne immense, inhabité, hélas! C'était la demeure du feu roi Pie X, où nous allons en pèlerinage en poussant de bien gros soupirs; mais, à part ce léger chagrin, nous passons le temps à merveille. Nos femmes ne sont pas plus bégueules que nos maris ne sont jaloux, mais nos plaisirs sont purs et honnêtes, parce que notre cœur est aussi noble que notre langage est libre et joyeux. Notre fierté n'a pas de bornes, et si un geai ou toute autre canaille vient par hasard à s'introduire chez nous, nous le plumons impitoyablement. Mais nous n'en sommes pas moins les meilleures gens du monde, et les passereaux, les mésanges, les chardonnerets qui vivent dans nos taillis, nous trouvent toujours prêtes à les aider, à les nourrir et à les défendre.

« Nulle part il n'y a plus de caquetage que chez nous, et nulle part moins de médisance. Nous ne manquons pas de vieilles pies dévotes qui disent leurs patenôtres toute la journée, mais la plus éventée de nos jeunes commères peut passer, sans crainte d'un coup de bec, près de la plus sévère douairière. En un mot, nous vivons de plaisir, d'honneur, de bavardage, de gloire et de chiffons.

— Voilà qui est fort beau, madame, répliquai-je, et je serais certainement mal appris de ne point obéir aux ordres d'une personne comme vous. Mais avant d'avoir l'honneur de vous suivre, permettez-moi, de grâce, de dire un mot à cette bonne demoiselle qui est ici.

« Mademoiselle, continuai-je en m'adressant à la tourterelle, parlez-moi franchement, je vous en supplie; pensez-vous que je sois véritablement une pie russe? »

A cette question, la tourterelle baissa la tête, et devint rouge pâle, comme les rubans de Lolotte.

« Mais, monsieur, dit-elle, je ne sais si je puis...

— Au nom du ciel, parlez, mademoiselle! Mon dessein n'a rien qui puisse vous offenser, bien au contraire. Vous me paraissez toutes deux si charmantes, que je fais ici le serment d'offrir mon cœur et ma patte à celle de vous qui en voudra, dès l'instant que je saurai si je suis pie ou autre chose; car en vous regardant, ajoutai-je, parlant un peu plus bas à la jeune personne, je me sens je ne sais quoi de tourtereau qui me tourmente singulièrement.

— Mais, en effet, dit la tourterelle en rougissant encore davantage, je ne sais si c'est le reflet du soleil qui tombe sur vous à travers ces coquelicots, mais votre plumage me semble avoir une légère teinte... »

Elle n'osa pas en dire plus long.

« O perplexité! m'écriai-je, comment savoir à quoi

m'en tenir? comment donner mon cœur à l'une de vous, lorsqu'il est si cruellement déchiré? O Socrate! quel précepte admirable, mais difficile à suivre, tu nous as donné, quand tu as dit: :

« Connais-toi toi-même! »

Depuis le jour où une malheureuse chanson avait si fort contrarié mon père, je n'avais pas fait usage de ma voix. En ce moment, il me vint à l'esprit de m'en servir comme d'un moyen pour discerner la vérité.

« Parbleu! pensai-je, puisque monsieur mon père m'a mis à la porte dès le premier couplet, c'est bien le moins que le second produise quelque effet sur ces dames! »

Ayant donc commencé par m'incliner poliment, comme pour réclamer l'indulgence, à cause de la pluie que j'avais reçue, je me mis d'abord à siffler, puis à gazouiller, puis à faire des roulades, puis enfin à chanter à tue-tête, comme un muletier espagnol en plein vent.

A mesure que je chantais, la petite pie s'éloignait de moi d'un air de surprise qui devint bientôt de la stupéfaction, puis qui passa à un sentiment d'effroi accompagné d'un profond ennui. Elle décrivait des cercles autour de moi, comme un chat autour d'un morceau de lard trop chaud qui vient de le brûler, mais auquel il voudrait pourtant goûter encore.

Voyant l'effet de mon épreuve, et voulant la pousser jusqu'au bout, plus la pauvre marquise montrait d'impatience, plus je m'égosillais à chanter. Elle résista pendant vingt-cinq minutes à mes mélodieux efforts; enfin, n'y pouvant plus tenir, elle s'envola à grand bruit, et regagna son bouquet de verdure. Quant à la tourterelle, elle s'était, presque dès le commencement, profondément endormie.

« Admirable effet de l'harmonie! pensai-je. O Marais! ô écuelle maternelle! plus que jamais je reviens à vous! »

Au moment où je m'élançais pour partir, la tourterelle rouvrit les yeux.

« Adieu, dit-elle, étranger si gentil et si ennuyeux! Mon nom est Gourouli: souviens-toi de moi!

— Belle Gourouli, lui répondis-je, vous êtes bonne, douce et charmante; je voudrais vivre et mourir pour vous. Mais vous êtes couleur de rose; tant de bonheur n'est pas fait pour moi. »

CHAPITRE IV

Le triste effet produit par mon chant ne laissait pas que de m'attrister.

« Hélas! musique, hélas! poésie, me répétais-je en regagnant Paris, qu'il y a peu de cœurs qui vous comprennent! »

En faisant ces réflexions, je me cognai la tête contre celle d'un oiseau qui volait dans le sens opposé au mien. Le choc fut si rude et si imprévu, que nous tombâmes tous deux sur la cime d'un arbre qui, par bonheur, se trouva là. Après que nous nous fûmes un peu secoués, je regardai le nouveau venu, m'attendant à une querelle. Je vis avec surprise qu'il était blanc.

A la vérité, il avait la tête un peu plus grosse que moi, et, sur le front, une espèce de panache qui lui donnait un air héroï-comique. De plus, il portait sa queue fort en l'air avec une grande magnanimité: du reste, il ne me parut nullement disposé à la bataille. Nous nous abordâmes fort civilement et nous nous fîmes de mutuelles excuses, après quoi nous entrâmes en conversation.

Je pris la liberté de lui demander son nom et de quel pays il était.

« Je suis étonné, me dit-il, que vous ne me connaissiez pas. Est-ce que vous n'êtes pas des nôtres?

— En vérité, monsieur, répondis-je, je ne sais pas desquels je suis. Tout le monde me demande et me dit la même chose il faut que ce soit une gageure qu'on ait faite.

— Vous voulez rire, répliqua-t-il! votre plumage vous sied trop bien pour que je méconnaisse un confrère. Vous appartenez infailliblement à cette race illustre et vénérable qu'on nomme en latin *cacuata*, en langue savante *kakatoès*, et en jargon vulgaire *cacatois*.

— Ma foi, monsieur, cela est possible, et ce serait bien de l'honneur pour moi. Mais ne laissez pas de faire comme si je n'en étais pas, et daignez m'apprendre à qui j'ai la gloire de parler.

— Je suis, répondit l'inconnu, le grand poète Kacatogan. J'ai fait de puissants voyages, monsieur, des traversées arides et de cruelles pérégrinations: Ce n'est pas d'hier que je rime, et ma muse a eu des malheurs. J'ai fredonné sous Louis XVI, monsieur, j'ai braillé pour la République, j'ai noblement chanté l'Empire, j'ai discrètement loué la Restauration, j'ai même fait un effort dans ces derniers temps, et je me suis soumis, non sans peine, aux exigences de ce siècle sans goût. J'ai lancé dans le monde des distiques piquants, des pieuses élégies, des drames chevelus, des romans crépus, des vaudevilles poudrés et des tragédies chauves.

« En un mot, je puis me flatter d'avoir ajouté au temple des Muses quelques festons galants, quelques sombres créneaux et quelques ingénieuses arabesques. Que voulez-vous! je me suis fait vieux. Mais je rime encore vertement, monsieur, et, tel que vous me voyez, je rêvais à un poème en un chant, qui n'aura pas moins de six cents pages, quand vous m'avez fait une bosse au front.

« Du reste, si je puis vous être bon à quelque chose, je suis tout à votre service.

— Vraiment, monsieur, vous le pouvez, répliquai-je car vous me voyez en ce moment dans un grand embarras poétique. Je n'ose dire que je sois un poète, ni surtout un aussi grand poète que vous, ajoutai-je en le saluant, mais j'ai reçu de la nature un gosier qui me démange quand je me sens bien à mon aise ou que j'ai du chagrin. A vous dire la vérité, j'ignore absolument les règles.

— Je les ai oubliées, dit Kacatogan, ne vous inquiétez pas de cela.

— Mais il m'arrive, repris-je, une chose fâcheuse: c'est que ma voix produit sur ceux qui l'entendent à peu près le même effet que celle d'un certain Jean de Nivelle sur... Vous savez ce que veux dire?

— Je le sais, dit Kacatogan; je connais par moi-même cet effet bizarre. La cause ne m'en est pas connue, mais l'effet est incontestable.

— Eh bien, monsieur, vous qui me semblez être le Nestor de la poésie, sauriez-vous, je vous prie, un remède à ce pénible inconvénient?

— Non, dit Kacatogan, pour ma part, je n'en ai jamais pu trouver. Je m'en suis fort tourmenté étant jeune, à cause qu'on me sifflait toujours; mais, à l'heure qu'il est, je n'y songe plus. Je crois que cette répugnance vient de ce que le public en lit d'autres que nous, cela le distrait.

— Je le pense comme vous; mais vous conviendrez, monsieur, qu'il est dur, pour une créature bien intentionnée, de mettre les gens en fuite dès qu'il lui prend un bon mouvement. Voudriez-vous me rendre le service de m'écouter, et de me dire sincèrement votre avis?

— Très volontiers, dit Kacatogan; je suis tout oreilles. »

Je me mis à chanter aussitôt, et j'eus la satisfaction de voir que Kacatogan ne s'enfuyait ni ne s'endormait pas. Il me regardait fixement, et, de temps en temps, il inclinait la tête d'un air d'approbation, avec une espèce de murmure flatteur. Mais je m'aperçus bientôt qu'il ne m'écoutait pas, et qu'il rêvait à son poème. Profitant d'un moment où je reprenais haleine, il m'interrompit tout à coup.

« Je l'ai pourtant trouvée cette rime! dit-il en souriant et en branlant la tête; c'est la soixante mille sept cent quatorzième qui sort de cette cervelle-là! Et l'on ose dire que je vieillis! Je vais lire cela aux bons amis, je vais le leur lire, et nous verrons ce qu'on en dira! »

Parlant ainsi, il prit son vol et disparut, ne semblant plus se souvenir de m'avoir rencontré.

CHAPITRE V

Resté seul et désappointé, je n'avais rien de mieux à faire que de profiter du reste du jour et de voler à tire-d'aile vers Paris. Malheureusement, je ne savais pas ma route. Mon voyage avec le pigeon avait été trop peu agréable pour me laisser un souvenir exact: en sorte que, au lieu d'aller tout droit, je tournai à gauche au Bourget, et, surpris par la nuit, je fus obligé de chercher un gîte dans les bois de Mortefontaine.

Tout le monde se couchait lorsque j'arrivai. Les pies et les geais, qui, comme on le sait, sont les plus mauvais coucheurs de la terre, se chamaillaient de tous les côtés. Dans les buissons piaillaient les moineaux, en piétinant les uns sur les autres.

Au bord de l'eau marchaient gravement deux hérons, perchés sur leurs longues échasses, dans l'attitude de la méditation. Georges Dandins du lieu, attendant patiemment leurs femmes. D'énormes corbeaux, à moitié endormis, se posaient lourdement sur la pointe des arbres les plus élevés, et nasillaient leurs prières du soir. Plus bas, les mésanges amoureuses se pourchassaient encore dans les taillis, tandis qu'un pivert ébouriffé poussait son ménage par derrière, pour le faire entrer dans le creux d'un arbre.

Des phalanges de friquets arrivaient des champs en dansant en l'air comme des bouffées de fumée, et se précipitaient sur un arbrisseau qu'elles couvraient tout entier; des pinsons, des fauvettes, des rouges-gorges se groupaient légèrement sur des branches découpées, comme des cristaux sur une girandole.

De toute part résonnaient des voix qui disaient bien distinctement:

« Allons, ma femme! — Allons, ma fille! — Venez, ma belle! — Par ici, ma mie! — Me voilà, mon cher! — Bonsoir, ma maîtresse! — Adieu, mes amis! — Dormez bien, mes enfants! »

Quelle position pour un célibataire de coucher dans une pareille auberge! J'eus la tentation de me joindre à quelques oiseaux de ma taille, et de leur demander l'hospitalité. — La nuit, pensai-je, tous les oiseaux sont gris, et d'ailleurs est-ce faire tort aux gens que de dormir poliment près d'eux?

Je me dirigeai d'abord vers un fossé où se rassemblaient des étourneaux. Ils faisaient leur toilette de nuit avec un soin tout particulier, et je remarquai que la plupart d'entre eux avaient les ailes dorées et les pattes vernies: c'étaient les dandys de la forêt. Ils étaient assez bons enfants, et ne m'honorèrent d'aucune attention. Mais leurs propos étaient si creux, ils se racontaient avec tant de fatuité leurs tracasseries et leurs bonnes fortunes, ils se frottaient si lourdement l'un à l'autre, qu'il me fut impossible d'y tenir.

J'allai ensuite me percher sur une branche où s'alignaient une demi-douzaine d'oiseaux de différentes espèces. Je pris modestement la dernière place, à l'extrémité de la branche, espérant qu'on m'y souffrirait. Par malheur, ma voisine était une vieille colombe aussi sèche qu'une girouette rouillée.

Au moment où je m'approchai d'elle, le peu de plumes qui couvraient ses os étaient l'objet de sa sollicitude: elle feignait de les éplucher, mais elle eût trop craint d'en arracher une: elle les passait seulement en revue pour voir si elle avait son compte. A peine l'eus-je touchée du bout de l'aile, qu'elle se redressa majestueusement.

« Qu'est-ce que vous faites donc, monsieur? » me dit-elle en pinçant le bec avec une pudeur britannique.

Et, m'allongeant un grand coup de coude, elle me jeta à bas avec une vigueur qui eût fait honneur à un portefaix.

Je tombai dans une bruyère où dormait une grosse gelinotte. Ma mère elle-même, dans son écuelle, n'avait pas un tel air de béatitude. Elle était si rebondie, si épanouie, si bien assise sur son triple ventre, qu'on l'eût prise pour un pâté dont on avait mangé la croûte. Je me glissai furtivement près d'elle.

« Elle ne s'éveillera pas, me disais-je, et, en tout cas, une si bonne grosse maman ne peut pas être méchante. »

Elle ne le fut pas en effet. Elle ouvrit les yeux à demi, et me dit en poussant un léger soupir:

« Tu me gênes, mon petit, va-t'en de là. »

Au même instant, je m'entendis appeler: c'étaient des grives qui, du haut d'un sorbier, me faisaient signe de venir à elles.

« Voilà enfin de bonnes âmes, pensai-je. Elles me firent place en riant comme des folles, et je me fourrai aussi lestement dans leur groupe enplumé qu'un billet doux dans un manchon. Mais je ne tardai pas à juger que ces dames avaient mangé plus de raisin qu'il n'est raisonnable de le faire; elles se soutenaient à peine sur les branches, et leurs plaisanteries de mauvaise compagnie, leurs éclats de rire et leurs chansons grivoises me forcèrent de m'éloigner.

Je commençais à désespérer, et j'allais m'endormir dans un coin solitaire, lorsqu'un rossignol se mit à chanter. Tout le monde fit silence.

Hélas! que sa voix était pure! que sa mélancolie même paraissait douce! Loin de troubler le sommeil d'autrui, ses accords semblaient le bercer. Personne ne songeait à le faire taire, personne ne trouvait mauvais qu'il chantât sa chanson à pareille heure; son père ne le battait pas, ses amis ne prenaient pas la fuite.

« Il n'y a donc que moi, m'écriai-je, à qui il soit défendu d'être heureux! Partons, fuyons ce monde cruel! Mieux vaut chercher ma route dans les ténèbres, au risque d'être avalé par quelque hibou, que de me laisser déchirer ainsi par le spectacle du bonheur des autres! »

Sur cette pensée, je me remis en chemin et j'errai longtemps au hasard. Aux premières clartés du jour, j'aperçus les tours de Notre-Dame. En un clin d'œil j'y atteignis, et je me promenai pas longtemps mes regards avant de reconnaître notre jardin. J'y volai plus vite que l'éclair... Hélas! il était vide...

J'appelai en vain mes parents: personne ne me répondit. L'arbre où se tenait mon père, le buisson maternel, l'écuelle chérie, tout avait disparu. La cognée avait tout détruit; au lieu de l'allée verte où j'étais né, il ne restait qu'un cent de fagots.

CHAPITRE VI

Je cherchai d'abord mes parents dans tous les jardins d'alentour, mais ce fut peine perdue; ils s'étaient sans doute réfugiés dans quelque quartier éloigné, et je ne pus jamais savoir de leurs nouvelles.

Pénétré d'une tristesse affreuse, j'allai me percher sur la gouttière où la colère de mon père m'avait d'abord exilé. J'y passai les jours et les nuits à déplorer ma triste existence. Je ne dormais plus; je mangeais à peine: j'étais près de mourir de douleur.

Un jour que je me lamentais comme à l'ordinaire:

« Ainsi donc, me disais-je tout haut, je ne suis ni un merle, puisque mon père me plumait; ni un pigeon, puisque je suis tombé en route quand j'ai voulu aller en Belgique; ni une pie russe, puisque la petite marquise s'est bouché les oreilles dès que j'ai ouvert le bec; ni une tourterelle, puisque Gourouli, la bonne Gourouli elle-même, ronflait comme un moine quand je chantais; ni un perroquet, puisque Kacatogan n'a pas daigné m'écouter; ni un oiseau quelconque enfin, puisque, à Mortefontaine, on m'a laissé coucher tout seul.

« Et cependant j'ai des plumes sur le corps; voilà des pattes et voilà des ailes. Je ne suis pas un monstre, témoin Gourouli, et cette petite marquise elle-même, qui me trouvaient assez à leur gré. Par quel mystère inexplicable ces plumes, ces ailes et ces pattes ne sauraient-elles former un ensemble auquel on puisse donner un nom? Ne serais-je pas par hasard... »

J'allais poursuivre mes doléances, lorsque je fus interrompu par deux portières qui se disputaient dans la rue.

« Ah, parbleu! dit l'une d'elles à l'autre, si tu en viens jamais à bout, je te fais cadeau d'un merle blanc!

— Dieu juste! m'écriai-je, voilà mon affaire. O Providence! je suis fils d'un merle, et je suis blanc: je suis un merle blanc! »

Cette découverte, il faut l'avouer, modifia beaucoup mes idées. Au lieu de continuer à me plaindre, je commençai à me rengorger et à marcher fièrement le long de la gouttière, en regardant l'espace d'un air victorieux.

« C'est quelque chose, me dis-je, que d'être un merle blanc: cela ne se trouve point dans le pas d'un âne. J'étais bien bon de m'affliger de ne pas rencontrer mon semblable: c'est le sort du génie, c'est le mien! Je voulais fuir le monde, je veux l'étonner!

« Puisque je suis cet oiseau sans pareil dont le vulgaire nie d'existence, je dois et prétends me comporter comme tel, ni plus ni moins que le phénix, et mépriser le reste des volatiles. Il faut que j'achète les mémoires d'Alfiéri, et les poèmes de lord Byron; cette nourriture substantielle m'inspirera un noble orgueil, sans compter celui que Dieu m'a donné. Oui, je veux ajouter, s'il se peut, au prestige de ma naissance.

« La nature m'a fait rare, je me ferai mystérieux. Ce sera une faveur, une gloire de me voir. — Et, au fait, ajoutai-je plus bas, si je me montrais tout bonnement pour de l'argent?

« Fi donc! quelle indigne pensée! Je veux faire un poème comme Kacatogan, non pas en un chant, mais en vingt-quatre, comme tous les grands hommes; ce n'est pas assez, il y en aura quarante-huit, avec des notes et un appendice! Il faut que l'univers apprenne qu'il existe. Je ne manquerai pas, dans mes vers, de déplorer mon isolement; mais ce sera de telle sorte, que les plus heureux me porteront envie.

« Puisque le ciel m'a refusé une femelle, je dirai un mal affreux de celles des autres. Je prouverai que tout est trop vert, hormis les raisins que je mange.

« Les rossignols n'ont qu'à bien se tenir; je démontrerai, comme deux et deux font quatre, que leurs complaintes font mal au cœur, et que leur marchandise ne vaut rien. Il faut que j'aille trouver Charpentier. Je veux me créer tout d'abord une puissante position littéraire. J'entends avoir autour de moi une cour composée non pas seulement de journalistes, mais d'auteurs véritables et même de femmes de lettres.

« J'écrirai un rôle pour Mlle Rachel, et, si elle refuse de le jouer, je publierai à son de trompe que son talent est bien inférieur à celui d'une vieille actrice de province.

« J'irai à Venise, et je louerai, sur les bords du grand canal, au milieu de cette cité féerique, le beau palais Mocenigo, qui coûte quatre livres dix sous par jour; là, je m'inspirerai de tous les souvenirs que l'auteur de *Lara* doit y avoir laissés. Du fond de ma solitude, j'inonderai le monde d'un déluge de rimes croisées, calquées sur la strophe de Spencer, où je soulagerai ma grande âme; je ferai soupirer toutes les mésanges, roucouler toutes les tourterelles, fondre en larmes toutes les bécasses, et hurler toutes les vieilles chouettes. Mais, pour ce qui regarde ma personne, je me montrerai inexorable et inaccessible à l'amour.

« En vain me pressera-t-on, me suppliera-t-on d'avoir pitié des infortunées qu'auront séduites mes chants sublimes; à tout cela, je répondrai:

« Foin! » O excès de gloire! mes manuscrits se vendront au poids de l'or, mes livres traverseront les mers; la renommée, la fortune me suivront partout; seul, je semblerai indifférent aux murmures de la foule qui m'environnera. En un mot, je serai un parfait merle blanc, un véritable écrivain excentrique, fêté, choyé, admiré, envié, mais complètement grognon et insupportable. »

CHAPITRE VII

Il ne me fallut pas plus de six semaines pour mettre au jour mon premier ouvrage.

C'était, comme je me l'étais promis, un poème en quarante-huit chants.

Il s'y trouvait bien quelques négligences, à cause de la prodigieuse fécondité avec laquelle je l'avais écrit; mais je pensai que le public d'aujourd'hui, accoutumé à la belle littérature qui s'imprime au bas des journaux, ne m'en ferait pas un reproche.

J'eus un succès digne de moi, c'est-à-dire sans pareil. Le sujet de mon ouvrage n'était autre que moi-même: je me conformai en cela à la grande mode de notre temps. Je racontais mes souffrances passées avec une fatuité charmante: je mettais le lecteur au fait de mille détails domestiques du plus piquant intérêt; la description de l'écuelle de ma mère ne remplissait pas moins de quatorze chants: j'en avais compté les rainures, les trous, les bosses, les éclats, les échardes, les clous, les taches, les teintes diverses, les reflets; j'en montrais le dedans, le dehors, les bords, le fond, les côtes, les plans inclinés, les plans droits; passant au contenu, j'avais étudié les brins d'herbe, les pailles, les feuilles sèches, les petits morceaux de bois, les graviers, les gouttes d'eau, les débris de mouches, les pattes de hannetons cassées qui s'y trouvaient: c'était une description ravissante.

Mais ne pensez pas que je l'eusse imprimée tout d'une venue; il y a des lecteurs impertinents qui l'auraient sautée. Je l'avais habilement coupée par morceaux, et entremêlée au récit, afin que rien n'en fût perdu; en sorte qu'au moment le plus intéressant et le plus dramatique arrivaient tout à coup quinze pages d'écuelle. Voilà, je crois, un des grands secrets de l'art, et, et, je n'ai point d'avarice, en profitera qui voudra.

L'Europe entière fut émue à l'apparition de mon livre; elle dévora les révélations intimes que je daignais lui communiquer.

Comment en eût-il été autrement?

Non seulement j'énumérais tous les faits qui se rattachaient à ma personne, mais je donnais encore au public un tableau complet de toutes les rêvasseries qui m'avaient passé par la tête depuis l'âge de deux mois; j'avais même intercalé, au plus bel endroit, une ode composée dans mon œuf.

Bien entendu d'ailleurs que je ne négligeais pas de traiter en passant le grand sujet qui préoccupe maintenant tout le monde, à savoir: l'avenir de l'humanité.

Ce problème m'avait paru intéressant; j'en ébauchai, dans un moment de loisir, une solution qui passa généralement pour satisfaisante.

On m'envoyait tous les jours des compliments en vers, des lettres de félicitation et des déclarations d'amour anonymes.

Quant aux visites, je suivais rigoureusement le plan que je m'étais tracé; ma porte était fermée à tout le monde. Je ne pus cependant me dispenser de recevoir deux étrangers qui s'étaient annoncés comme étant de mes parents.

L'un était un merle du Sénégal, et l'autre un merle de la Chine.

« Ah! monsieur, me dirent-ils en m'embrassant à m'étouffer, que vous êtes un grand merle! que vous avez bien peint, dans votre poème immortel, la profonde souffrance du génie méconnu! Si nous n'étions pas déjà aussi incompris que possible, nous le deviendrions après vous avoir lu. Combien nous sympathisons avec vos douleurs, avec votre sublime mépris du vulgaire!

« Nous aussi, monsieur, nous les connaissons nous-mêmes les peines secrètes que vous avez chantées! Voici deux sonnets que nous avons faits, l'un portant l'autre, et que nous prions d'agréer.

— Voici en outre, ajouta le Chinois, de la musique que mon épouse a composée sur un passage de votre préface. Elle rend merveilleusement l'intention de l'auteur.

— Messieurs, leur dis-je, autant que j'en puis juger, vous me semblez doués d'un grand cœur et d'un esprit plein de lumières. Mais pardonnez-moi de vous faire une question. D'où vient votre mélancolie?

— Eh! monsieur, répondit l'habitant du Sénégal, regardez comme je suis bâti. Mon plumage, il est vrai, est agréable à voir, et je suis revêtu de cette belle couleur verte qu'on voit briller sur les canards; mais mon bec est trop court et mon pied trop grand; et voyez de quelle queue je suis affublé! La longueur de mon corps n'en fait pas les deux tiers. N'y a-t-il pas là de quoi se donner au diable?

— Et moi, monsieur, dit le Chinois, mon infortune est encore plus pénible. La queue de mon confrère balaye les rues, mais les polissons me montrent au doigt, à cause que je n'en ai point.

— Messieurs, repris-je, je vous plains de toute mon âme; il est toujours fâcheux d'avoir trop ou trop peu de n'importe quoi. Mais permettez-moi de vous dire qu'il y a au Jardin des Plantes plusieurs personnes qui vous ressemblent, et qui demeurent là depuis longtemps, fort paisiblement empaillées.

« De même qu'il ne suffit pas à une femme de lettres d'être dévergondée pour faire un bon livre, ce n'est pas non plus assez pour un merle d'être mécontent pour avoir du génie. Je suis seul de mon espèce, et je m'en afflige; j'ai peut-être tort, mais c'est mon droit. Je suis blanc, messieurs; devenez-le, et nous verrons ce que vous saurez dire. »

CHAPITRE VIII

MALGRÉ la résolution que j'avais prise et le calme que j'affectais, je n'étais pas heureux.

Mon isolement, pour être glorieux, ne m'en semblait pas moins pénible, et je ne pouvais songer sans effroi à la nécessité où je me trouvais de passer ma vie entière dans le célibat.

Le retour du printemps, en particulier, me causait une gêne mortelle, et je commençais à tomber de nouveau dans la tristesse, lorsqu'une circonstance imprévue décida de ma vie entière.

Il va sans dire que mes écrits avaient traversé la Manche, et que les Anglais se les arrachaient. Les Anglais s'arrachent tout, hormis ce qu'ils comprennent.

Je reçus un jour de Londres une lettre signée d'une jeune merlette:

« J'ai lu votre poème, me disait-elle, et l'admiration que j'ai éprouvée m'a fait prendre la résolution de vous offrir ma main et ma personne. Dieu nous a créés l'un pour l'autre! Je suis semblable à vous, je suis une merlette blanche!... »

On suppose aisément ma surprise et ma joie.

« Une merlette blanche! me dis-je, est-il bien possible? Je ne suis donc pas seul sur la terre! »

Je me hâtai de répondre à la belle inconnue, et je le fis d'une manière qui témoignait assez combien sa proposition m'agréait. Je la pressais de venir à Paris ou de me permettre de voler près d'elle. Elle me répondit qu'elle aimait mieux venir parce que ses parents l'ennuyaient, qu'elle mettait ordre à ses affaires et que je la verrais bientôt.

Elle vint, en effet, quelques jours après. O bonheur! c'était la plus jolie merlette du monde, et elle était encore plus blanche que moi.

« Ah! mademoiselle, m'écriai-je, ou plutôt madame, car je vous considère dès à présent comme mon épouse légitime, est-il croyable qu'une créature si charmante se trouvât sur la terre sans que la renommée m'apprit son existence? Bénis soient les malheurs que j'ai éprouvés et les coups de bec que m'a donnés mon père, puisque le ciel me réservait une consolation inespérée!

« Jusqu'à ce jour, je me croyais condamné à une solitude éternelle, et à vous parler franchement, c'était un rude fardeau à porter; mais je me sens, en vous regardant, toutes les qualités d'un père de famille. Acceptez ma main sans délai: marions-nous à l'anglaise, sans cérémonie, et partons ensemble pour la Suisse.

— Je ne l'entends pas ainsi, me répondit la jeune merlette; je veux que nos noces soient magnifiques, et que tout ce qu'il y en France de merles un peu bien nés y soient solennellement rassemblés. Des gens comme nous doivent à leur propre gloire de ne pas se marier comme des chats de gouttière. J'ai apporté une provision de bank-notes. Faites vos invitations, allez chez vos marchands, et ne lésinez pas sur les rafraîchissements. »

Je me conformai aveuglément aux ordres de la blanche merlette.

Nos noces furent d'un luxe écrasant; on y mangea dix mille mouches.

Nous reçûmes la bénédiction nuptiale d'un révérend père Cormoran, qui était archevêque in partibus. Un bal superbe termina la journée; enfin, rien ne manqua à mon bonheur.

Plus j'approfondissais le caractère de ma charmante femme, plus mon amour augmentait. Elle réunissait dans sa petite personne, tous les agréments de l'âme et du corps.

Elle était seulement un peu bégueule: mais j'attribuai cela à l'influence du brouillard anglais dans lequel elle avait vécu jusqu'alors, et je ne doutai pas que le climat de France ne dissipât bientôt ce léger nuage.

Une chose qui m'inquiétait plus sérieusement, c'était une sorte de mystère dont elle s'entourait quelquefois avec une rigueur singulière, s'enfermant à clef avec ses cameristes, et passant ainsi des heures entières pour faire sa toilette, à ce qu'elle prétendait.

Les maris n'aiment pas beaucoup ces fantaisies dans leur ménage. Il m'était arrivé vingt fois de frapper à l'appartement de ma femme sans pouvoir obtenir qu'on m'ouvrît la porte. Cela m'impatientait cruellement.

Un jour, entre autres, j'insistai avec tant de mauvaise humeur, qu'elle se vit obligée de céder et de m'ouvrir un peu à la hâte, non sans se plaindre fort de mon importunité.

Je remarquai, en entrant, une grosse bouteille pleine d'une espèce de colle faite avec de la farine et du blanc d'Espagne. Je demandai à ma femme ce qu'elle faisait de cette drogue; elle me répondit que c'était un opiat pour des engelures qu'elle avait.

Cet opiat me sembla tant soit peu louche: mais quelle défiance pouvait m'inspirer une personne si douce et si sage, qui s'était donnée à moi avec tant d'enthousiasme et une sincérité si parfaite?

J'ignorais d'abord que ma bien-aimée fût une femme de plume; elle me l'avoua au bout de quelque temps, et elle alla même jusqu'à me montrer le manuscrit d'un roman où elle avait imité à la fois Walter Scott et Scarron.

Je laisse à penser le plaisir que me causa une si aimable surprise.

Non seulement je me voyais possesseur d'une beauté incomparable, mais j'acquérais encore la certitude que l'intelligence de ma compagne était digne en tout point de mon génie.

Dès cet instant, nous travaillâmes ensemble. Tandis que je composais mes poèmes, elle barbouillait des rames de papier.

Je lui récitais mes vers à haute voix, et cela ne la gênait nullement pour écrire pendant ce temps-là.

Elle pondait ses romans avec une facilité presque égale à la mienne, choisissant toujours les sujets les plus dramatiques, des parricides, des rapts, des meurtres, et même jusqu'à des filouteries, ayant toujours soin, en passant, d'attaquer le gouvernement et de prêcher l'émancipation des merlettes.

En un mot, aucun effort ne coûtait à son esprit, aucun tour de force à sa pudeur; il ne lui arrivait jamais de rayer une ligne, ni de faire un plan avant de se mettre à l'œuvre. C'était le type de la merlette lettrée.

Un jour qu'elle se livrait au travail avec une ardeur inaccoutumée, je m'aperçus qu'elle suait à grosses gouttes, et je fus étonné de voir en même temps qu'elle avait une grande tache noire dans le dos.

« Eh, mon Dieu! lui dis-je, qu'est-ce donc? est-ce que vous êtes malade? »

Elle parut d'abord un peu effrayée et même penaude; mais la grande habitude qu'elle avait du monde l'aida bientôt à reprendre l'empire admirable qu'elle gardait toujours sur elle-même.

Elle me dit que c'était une tache d'encre, et qu'elle y était fort sujette dans ses moments d'inspiration.

« Est-ce que ma femme déteint? » me dis-je tout bas. Cette pensée m'empêcha de dormir. La bouteille de colle me revint à la mémoire. « O ciel! m'écriai-je, quel soupçon! Cette créature céleste ne serait-elle qu'une peinture, un léger badigeon? se serait-elle vernie pour abuser de moi?... Quand je croyais presser sur mon cœur la sœur de mon âme, l'être privilégié créé pour moi seul, n'aurais-je donc épousé que de la farine? »

Poursuivi par ce doute horrible, je formai le dessein de m'en affranchir.

Je fis l'achat d'un baromètre, et j'attendis avidement qu'il vînt à faire un jour de pluie.

Je voulais emmener ma femme à la campagne, choisir un dimanche douteux, et tenter l'épreuve d'une lessive. Mais nous étions en plein juillet; il faisait un beau temps effroyable.

L'apparence du bonheur et l'habitude d'écrire avaient

fort excité ma sensibilité. Naïf comme j'étais, il m'arrivait parfois, en travaillant, que le sentiment fût plus fort que l'idée, et de me mettre à pleurer en attendant la rime.

Ma femme aimait beaucoup ces rares occasions: toute faiblesse masculine enchante l'orgueil féminin.

Une certaine nuit que je limais une rature, selon le précepte de Boileau, il advint à mon cœur de s'ouvrir.

« Ô toi! dis-je à ma chère merlette, toi, la seule et la plus aimée! toi, sans qui ma vie est un songe! toi, dont un regard, un sourire, métamorphosent pour moi l'univers, vie de mon cœur, sais-tu combien je t'aime? Pour mettre en vers une idée banale déjà usée par d'autres poètes, un peu d'étude et d'attention me font aisément trouver des paroles; mais où en prendrais-je jamais pour t'exprimer ce que ta beauté m'inspire?

« Le souvenir même de mes peines passées pourrait-il me fournir un mot pour te parler de mon bonheur présent?

« Avant que tu fusses venue à moi, mon isolement était celui d'un orphelin exilé; aujourd'hui, c'est celui d'un roi.

« Dans ce faible corps, dont j'ai le simulacre jusqu'à ce que la mort en fasse un débris, dans cette petite cervelle enfiévrée où fermente une inutile pensée, sais-tu, mon ange, comprends-tu, ma belle, que rien ne peut être qui ne soit à toi? Écoute ce que mon cerveau peut dire, et sens combien mon amour est plus grand! Oh! que mon génie fût une perle, et que tu fusses Cléopâtre! »

En radotant ainsi, je pleurais sur ma femme, et elle déteignait visiblement.

A chaque larme qui tombait de mes yeux, apparaissait une plume, non pas même noire, mais du plus vieux roux (je crois qu'elle avait déjà déteint autre part).

Après quelques minutes d'attendrissement, je me trouvai vis-à-vis d'un oiseau décollé et désenfariné, identiquement semblable aux merles les plus plats et les plus ordinaires.

Que faire? que dire? quel parti prendre? Tout reproche était inutile. J'aurais bien pu, à la vérité, considérer le cas comme rédhibitoire, et faire casser mon mariage: mais comment oser publier ma honte? N'était-ce pas assez de mon malheur?

Je pris mon courage à deux pattes, je résolus de quitter le monde, d'abandonner la carrière des lettres, de fuir dans un désert, s'il était possible, d'éviter à jamais l'aspect d'une créature vivante, et de chercher comme Alceste:

...Un endroit écarté,
Où d'être un merle blanc on eût la liberté!

CHAPITRE IX

Je m'envolai là-dessus, toujours pleurant; et le vent, qui est le hasard des oiseaux, me rapporta sur une branche de Mortefontaine. Pour cette fois, on était couché.

« Quel mariage! me disais-je, quelle équipée! C'est certainement à bonne intention que cette pauvre enfant s'est mis du blanc; mais je n'en suis pas moins à plaindre, ni elle moins rousse. »

Le rossignol chantait encore. Seul, au fond de la nuit, il jouissait à plein cœur du bienfait de Dieu qui le rend si supérieur aux poètes, et donnait librement sa pensée au silence qui l'entourait.

Je ne pus résister à la tentation d'aller à lui et de lui parler.

« Que vous êtes heureux! lui dis-je: non seulement vous chantez tant que vous voulez, et très bien, et tout le monde vous écoute; mais vous avez une femme et des enfants, votre nid, vos amis, un bon oreiller de mousse, la pleine lune et pas de journaux. Rubini et Rossini ne sont rien auprès de vous: vous valez l'un et vous devinez l'autre. J'ai chanté aussi, monsieur, et c'est pitoyable. J'ai rangé des mots en bataille comme des soldats prussiens, et j'ai coordonné des fadaises pendant que vous étiez dans les bois. Votre secret peut-il s'apprendre?

— Oui, me répondit le rossignol, mais ce n'est pas ce que vous croyez. Ma femme m'ennuie, je ne l'aime point, je suis amoureux de la rose: Sadi, le Persan, en a parlé. Je m'égosille toute la nuit pour elle, mais elle dort et ne m'entend pas. Son calice est fermé à l'heure qu'il est: elle y berce un vieux scarabée, — et demain matin quand je regagnerai mon lit, épuisé de souffrance et de fatigue, c'est alors qu'elle s'épanouira, pour qu'une abeille lui mange le cœur. »

Le Secret de Javotte

CHAPITRE PREMIER

L'automne dernier, vers huit heures du soir, deux jeunes gens revenant de la chasse suivaient à cheval la route de Noisy, à quelque distance de Luzarches. Derrière eux marchait un piqueur menant les chiens. Le soleil se couchait et dorait au loin la belle forêt de Carenelle, où le feu duc de Bourbon aimait à chasser. Tandis que le plus jeune des deux cavaliers, âgé d'environ vingt-cinq ans, trottait gaiement sur sa monture, et s'amusait à sauter les haies, l'autre paraissait distrait et préoccupé. Tantôt il excitait son cheval et le frappait avec impatience, tantôt il s'arrêtait tout à coup et restait au pas en arrière, comme absorbé par ses pensées. A peine répondait-il aux joyeux discours de son compagnon, qui, de son côté, le raillait de son silence. En un mot il semblait livré à cette rêverie bizarre, particulière aux savants et aux amoureux, qui sont rarement où ils paraissent être. Arrivé à un carrefour, il mit pied à terre, et, s'avançant au bord d'un fossé; il ramassa une petite branche de saule qui était enfoncée dans le sable assez profondément; il détacha une feuille de cette branche, et, sans qu'on l'aperçût, la glissa furtivement dans son sein; puis remontant aussitôt à cheval:

« Pierre, dit-il au piqueur, prends le tournebride et va-t'en aux Clignets par le village; nous rentrerons, mon frère et moi, par la garenne; car je vois qu'aujourd'hui Gitana n'est pas sage, elle me ferait quelque sottise si nous rencontrions dans le chemin creux quelque troupeau de bestiaux rentrant à la ferme. »

Le piqueur obéit et prit avec ses chiens un sentier tracé dans les roches. Voyant cela, le jeune Armand de Berville (ainsi se nommait le moins âgé des deux frères) partit d'un grand éclat de rire:

« Parbleu, dit-il, mon cher Tristan, tu es d'une prudence admirable ce soir. N'as-tu pas peur que Gitana ne soit dévorée par un mouton? Mais tu as beau faire; je parierais que, malgré toutes tes précautions, cette pauvre bête, d'ordinaire si tranquille, va te jouer quelque mauvais tour d'ici à une demi-heure.

— Pourquoi cela? demanda Tristan d'un ton bref et presque irrité.

— Mais, apparemment, répondit Armand en se rapprochant de son frère, parce que nous allons passer devant l'avenue de Renonval, et que ta jument est sujette à caracoler quand elle voit la grille. Heureusement, ajouta-t-il en riant et de plus belle, que Mme de Vernage est là, et que tu trouveras chez elle ton couvert mis, si Gitana te casse une jambe.

— Mauvaise langue, dit Tristan souriant à son tour un peu à contre-cœur, qu'est-ce qui pourra donc te déshabituer de tes méchantes plaisanteries?

— Je ne plaisante pas du tout, reprit Armand, et quel mal y a-t-il à cela? Elle a de l'esprit, cette marquise; elle aime le passe-poil, c'est de son âge. N'as-tu pas l'honneur d'être au service du roi dans le régiment des hussards noirs? Si, d'une autre part, elle aime aussi la chasse, et si elle trouve que tou por fait bon effet au soleil sur ta veste rouge, est-ce que c'est un péché mortel?

— Ecoute, écervelé, dit Tristan. Que tu badines ainsi entre nous, si cela te plaît, rien de mieux; mais pense sérieusement à ce que je te dis quand il y a un tiers pour l'entendre. Mme de Vernage est l'amie de notre mère; sa maison est une des seules ressources que nous ayons dans le pays pour nous désennuyer de cette vie monotone qui t'amuse, toi, avocat sans causes, mais qui me tuerait si je la menais longtemps. La marquise est presque la seule femme parmi nos rares connaissances...

— La plus agréable, ajouta Armand.

— Tant que tu voudras. Tu n'es pas fâché toi-même d'aller à Renonval, lorsqu'on nous y invite. Ce ne serait pas un trait d'esprit de notre part que de nous brouiller avec ces gens-là, et c'est ce que tes discours finiront par faire, si tu continues à jaser au hasard. Tu sais très bien que je n'ai pas plus qu'un autre la prétention de plaire à Mme de Vernage...

— Prends garde à Gitana! s'écria Armand. Regarde comme elle dresse les oreilles; je te dis qu'elle sent la marquise d'une lieue.

— Trêve de plaisanteries. Retiens ce que je te recommande, et tâche d'y penser sérieusement.

— Je pense, dit Armand, et très sérieusement, que la marquise est très bien en manches plates, et que le noir lui va à merveille.

— A quel propos cela?

— A propos de manches. Est-ce que tu te figures qu'on ne voit rien dans ce monde? L'autre jour, en causant dans le bateau, est-ce que je n'ai pas entendu très clairement dire que le noir était ta couleur, et cette bonne marquise, sur ce renseignement, n'a-t-elle pas eu la grâce de monter dans sa chambre en rentrant, et de redescendre galamment avec la plus noire de toutes ses robes?

— Qu'y a-t-il d'étonnant? n'est-il pas tout simple de changer de toilette pour dîner?

— Prends garde à Gitana, te dis-je, elle est capable de s'emporter, et de te mener tout droit, malgré toi, à l'écurie de Renonval. Et la semaine dernière, à la fête, cette même marquise, toujours de noir vêtue, n'a-t-elle pas trouvé naturel de m'installer dans la grande calèche avec mon chien et monsieur le curé, pour grimper dans ton tilbury au risque de montrer sa jambe?

— Qu'est-ce que cela prouve? il fallait bien que l'un de nous deux subît cette corvée.

— Oui, mais cet un, c'est toujours moi. Je ne m'en plains pas, je ne suis pas jaloux; mais, pas plus tard qu'hier, au rendez-vous de chasse, ne t'a-t-elle pas imaginé de quitter sa voiture et de me prendre mon propre cheval, que je lui ai cédé avec un désintéressement admirable, pour qu'elle pût galoper dans les bois à côté de monsieur l'officier? Plains-toi donc de moi, je suis ta providence; au lieu de te renfermer dans tes dénégations, tu me devrais, honnêtement parlant, ta confiance et tes secrets.

— Quelle confiance veux-tu qu'on ait dans un étourdi tel que toi, et quels secrets veux-tu que je te dise, s'il n'y a rien de vrai dans tes contes?

— Prends garde à Gitana, mon frère.

— Tu m'impatientes, avec ton refrain. Et quand il serait vrai que j'eusse fantaisie d'aller ce soir faire une visite à Renonval, qu'aurait-il d'extraordinaire? Aurais-je besoin d'un prétexte pour te prier d'y venir avec moi ou de rentrer seul à la maison?

— Non, certainement; de même que, si nous venions à rencontrer Mme de Vernage se promenant devant son avenue, il n'y aurait donc plus rien de surprenant. Le chemin que tu nous fais prendre est bien le plus long, il est vrai; mais qu'est-ce que c'est qu'un quart de lieue de plus ou de moins en comparaison de l'éternité? La marquise doit nous avoir entendus sonner du cor; il serait bien juste qu'elle prît les frais sur la route, en compagnie de son inévitable adorateur et voisin, M. de la Bretonnière.

— J'avoue, dit Tristan, bien aise de changer de texte, que ce M. de la Bretonnière m'ennuie cruellement. Semble-t-il convenable qu'une femme d'autant d'esprit que Mme de Vernage se laisse accaparer par un sot et traîne partout une pareille ombre?

— Il est certain, répondit Armand, que le personnage est lourd et indigeste. C'est un vrai hobereau, dans la force du terme, créé et mis au monde pour l'état de voisin. Voisiner est son lot; c'est même presque sa science, car il voisine comme personne ne le fait. Jamais je n'ai vu un homme mieux établi que lui hors de chez soi. Si on va dîner chez Mme de Vernage, il est au bout de la table, au milieu des enfants. Il chuchote avec la gouvernante, il donne de la bouillie au petit; et remarque bien que ce n'est pas un pique-assiette ordinaire et classique, qui se croit obligé de rire si la maîtresse du logis dit un bon mot; il serait plutôt disposé, s'il osait, à tout blâmer et tout contrecarrer. S'il s'agit d'une partie de campagne, jamais il ne manquera de trouver que le baromètre est à variable. Si quelqu'un cite une anecdote, ou parle d'une curiosité, il a vu quelque chose de bien mieux; mais il ne daigne pas dire quoi, et se contente de hocher la tête avec une modestie à le souffleter. L'assommante créature! je ne sais pas, en vérité, s'il est possible de causer un quart d'heure durant avec Mme de Vernage, quand il est là, sans que sa tête inquiète et effarouchée vienne se placer entre elle et vous. Il n'est certes pas beau, il n'a pas d'esprit; les trois quarts du temps il ne dit mot, et, par une faveur spéciale de la Providence, il trouve moyen, en se taisant, d'être plus ennuyeux qu'un bavard, rien que par la façon dont il regarde parler les autres. Mais que lui importe? il ne vit pas, il assiste à la vie, et tâche de gêner, de décourager et d'impatienter les vivants. Avec tout cela, la marquise le supporte; elle a la charité de l'écouter, de l'encourager; je crois, ma foi, qu'elle l'aime, et qu'elle ne s'en débarrassera jamais.

— Qu'entends-tu par là? demanda Tristan, un peu troublé à ce dernier mot. Crois-tu qu'on puisse aimer un personnage semblable?

— Non pas d'amour, reprit Armand avec un air d'indifférence railleuse. Mais enfin ce pauvre homme n'est pas non plus un monstre. Il est garçon et fort à l'aise. Il a, comme nous, un petit castel, une petite meute, et un grand vieux carrosse. Il possède sur tout autre, près de la marquise, cet incomparable avantage que donnent une habitude de dix ans et une obsession de tous les jours. Un nouveau venu, un officier en congé, permets-moi de te le dire tout bas, peut éblouir et plaire en passant; mais celui qui est là tous les jours à quinte et quatorze par état, sans compter l'industrie, comme Basile...

Tandis que les deux frères causaient ainsi, ils avaient laissé les bois derrière eux et commençaient à entrer dans les vignes. Déjà ils apercevaient sur le coteau le clocher du village de Renonval.

« Mme de Vernage, continua Armand, a cent belles qualités; mais c'est une coquette. Elle passe pour dévote, et elle a un chapelet bénit accroché à son étagère; mais elle aime assez les fleurettes. Ne t'en déplaise, c'est, à mon avis, une femme difficile à deviner et passablement dangereuse.

— Cela est possible, dit Tristan.

— Et même probable, reprit son frère. Je ne suis pas fâché que tu le penses comme moi, et je te dirai volontiers à mon tour: Parlons sérieusement. J'ai depuis longtemps occasion de la connaître et de l'étudier de près. Toi, tu viens ici pour quelques jours; tu es un jeune et beau garçon, elle est belle et spirituelle femme; tu ne sais que faire, elle te plaît, tu lui es en contes, et elle te laisse dire. Moi, qui la vois l'hiver comme l'été, à Paris comme à la campagne, je suis moins confiant, et elle le sait bien; c'est pourquoi elle me prend pour cheval et me laisse en tête-à-tête avec le curé. Ses grands yeux noirs, qu'elle baisse vers la terre avec une modestie parfois si sévère, savent se relever vers toi, j'en suis bien sûr, lorsque vous courez la forêt, et je dois convenir que cette femme a un grand charme. Elle a tourné la tête, à ma connaissance, à trois ou quatre pauvres petits garçons qui ont raillé en perdre l'esprit; mais veux-tu que je t'exprime ma pensée? Je te dirai, en style de Scudéry, qu'on pénètre assez facilement jusqu'à l'antichambre de son cœur, mais que l'appartement est toujours fermé, peut-être parce qu'il n'y a personne.

— Si tu ne te trompais pas, dit Tristan, ce serait un assez vilain caractère.

— Non pas à son avis: qu'a-t-on à lui reprocher? Est-ce sa faute si on devient amoureux d'elle? Bien qu'elle n'ait pas plus de trente ans, elle dit à qui veut l'entendre qu'elle a renoncé, depuis qu'elle est veuve, aux plaisirs du monde, qu'elle veut vivre en paix dans sa terre, monter à cheval et prier Dieu. Elle fait l'aumône et va à confesse; or, toute femme qui a un confesseur, si elle n'est pas sincèrement et véritablement religieuse, est la pire espèce de coquette que la civilisation ait inventée. Une femme pareille, sûre d'elle-même, belle encore et jouissant volontiers des petits privilèges de la beauté, sait composer sans cesse, non avec sa conscience, mais avec sa prochaine confession. Aux moments mêmes où elle semble se livrer avec le plus charmant abandon aux cajoleries qu'elle aime tout bas, elle regarde si le bout de son pied est suffisamment caché sous sa robe, et calcule la place où elle peut laisser prendre, sans péché, un baiser sur sa mitaine. A quoi bon? diras-tu. Si la foi lui manque, pourquoi ne pas être franchement coquette? Si elle croit, pourquoi s'exposer à la tentation? Parce qu'elle la brave et s'en amuse. Et, en effet, on ne saurait dire qu'elle soit sincère ni hypocrite; elle est ainsi et elle plaît; ses victimes passent et disparaissent. La Bretonnière, le silencieux, restera jusqu'à sa mort, très probablement, sur le seuil du temple où ce sphinx aux grands yeux rend ses oracles et respire l'encens. »

Tristan, pendant que son frère parlait, avait arrêté son cheval. La grille du château de Renonval n'était plus éloignée que d'une centaine de pas. Devant cette grille, comme Armand l'avait prévu, Mme de Vernage se promenait sur la pelouse; mais elle était seule, contre l'ordinaire. Tristan changea tout à coup de visage.

— Ecoute, Armand, dit-il, je t'avoue que je l'aime. Tu es un homme et tu as du cœur; tu sais aussi bien que moi que devant la passion il n'y a ni loi ni conseil. Tu n'es pas le premier qui me parles ainsi d'elle; on m'a dit tout cela, mais je n'en puis rien croire. Je suis subjugué par cette femme; elle est si charmante, si aimable, si séduisante quand elle veut...

— Je le sais très bien, dit Armand.

— Non, s'écria Tristan, je ne puis croire qu'avec tant de grâce, de douceur, de piété, car enfin elle fait l'aumône, comme tu dis, et remplit ses devoirs; je ne puis, je ne veux pas croire qu'avec tous les dehors de la franchise et de la bonté, elle puisse être telle que tu me l'imagines. Mais il m'importe! je cherchais un prétexte pour te laisser en chemin, et pour rester seul; j'aime mieux m'en fier à ta parole. Je vais à Renonval; retourne aux Clignets. Si notre bonne mère s'inquiète de ne pas me voir avec toi, tu lui diras que j'ai perdu la chasse, que mon cheval est malade, ce que tu voudras. Je ne veux faire qu'une courte visite, et je reviendrai sur-le-champ.

— Pourquoi ce mystère, s'il en est ainsi?

— Parce que la marquise elle-même reconnaît que c'est le plus sage. Les gens du pays sont bavards, sots, et importuns, comme trois petites villes ensemble. Garde-moi le secret; à ce soir. »

Sans attendre une réponse, Tristan partit au galop. Demeuré seul, Armand changea de route, et prit un chemin de traverse qui le menait plus vite chez lui. Ce n'était pas, on le pense bien, sans déplaisir ni sans une sorte de crainte qu'il voyait son frère s'éloigner. Jeune d'années, mais déjà mûri par une précoce expérience du monde, Armand de Berville, avec un esprit souvent léger en apparence, avait beaucoup de sens et de raison. Tandis que Tristan, officier distingué dans l'armée, courait en Algérie les chances de la guerre, et se livrait parfois aux dangereux écarts d'une imagination vive et passionnée, Armand restait à la maison et tenait compagnie à sa vieille mère. Tristan le raillait parfois de ses goûts sédentaires, et l'appelait monsieur l'abbé, prétendant que, sans la Révolution, il aurait porté la tonsure, en sa qualité de cadet; mais cela ne le fâchait pas. Va pour le titre, répondait-il, mais donne-moi le bénéfice. La baronne de Berville, la mère, veuve depuis longtemps, habitait le Marais en hiver, et, dans la belle saison, la petite terre des Clignets. Ce n'était pas une maison assez riche pour entretenir un grand équipage, mais comme les jeunes gens aimaient la chasse et que la baronne adorait ses enfants, on avait fait venir des *fox-hounds* d'Angleterre; quelques voisins avaient suivi cet exemple; ces petites meutes réunies formaient de quoi composer des chasses passables dans les bois qui entouraient la forêt de Carenelle. Ainsi s'étaient établies rapidement, entre les habitants des Cignets et ceux de deux ou trois châteaux des environs, des relations amicales et presque intimes. Mme de Vernage, comme on vient de le voir, était la reine du canton. Depuis le sieur de Franconville et le magistrat de Beauvais jusqu'à l'élégant un peu arriéré de Luzarches tout rendait hommage à la belle marquise, voire même le curé de Noisy. Renonval était le rendez-vous de ce qu'il y avait de personnes notables dans l'arrondissement de Pontoise. Toutes étaient d'accord pour vanter comme Tristan, la grâce et la bonté de la châtelaine. Personne ne résistait à l'empire souverain qu'elle exerçait, comme on dit, sur les cœurs; et c'était précisément pourquoi Armand était fâché que son frère ne revint pas souper avec lui.

Il ne lui fut pas difficile de trouver un prétexte pour justifier cette absence, et de dire à la baronne en rentrant que Tristan s'était arrêté chez un fermier, avec lequel il était en marché pour un coin de terre. Mme de Berville, qui ne dînait qu'à neuf heures quand ses enfants allaient à la chasse, afin de prendre son repas en famille, voulut attendre pour se mettre à table que son fils aîné fût revenu. Armand, mourant de faim et de soif, comme tout chasseur qui a fait son métier, parut médiocrement satisfait de ce retard qu'on lui reprochait. Peut-être craignait-il, à part lui, que la visite à Renonval ne se prolongeât plus longtemps qu'il n'avait été dit. Quoi qu'il en fût, il prit d'abord, pour se donner un peu de patience, un acompte sur le dîner, puis il alla visiter ses chiens et jeter à l'écurie le coup d'œil du maître, et revint s'étendre sur un canapé, déjà à moitié endormi par la fatigue de la journée.

La nuit était venue, et le temps s'était mis à l'orage. Mme de Berville, assise, comme de coutume, devant son métier à tapisserie, regardait la pendule, puis la fenêtre, où ruisselait la pluie. Une demi-heure s'écoula lentement, et bientôt vint l'inquiétude.

« Que fait donc ton frère? disait la baronne; il est impossible qu'à cette heure et par un temps semblable il s'arrête si longtemps en route; quelque accident lui sera arrivé: je vais envoyer à sa rencontre.

— C'est inutile, répondait Armand; je vous jure qu'il se porte aussi bien que nous, et peut-être mieux; car, voyant cette pluie, il se sera sans doute fait donner à souper dans quelque cabaret de Noisy, pendant que nous sommes à l'attendre. »

L'orage redoublait, le temps se passait; de guerre lasse, on servit le dîner, mais il fut triste et silencieux. Armand se reprochait de laisser ainsi sa mère dans une incertitude cruelle, et qui lui semblait inutile; mais il avait donné sa parole. De son côté, Mme de Berville voyait aisément sur le visage de son fils l'inquiétude qui l'agitait; elle n'en pénétrait pas la cause, mais l'effet ne lui échappait pas. Habituée à toute la tendresse et aux confidences même d'Armand, elle sentait que, s'il gardait le silence, c'est qu'il y était obligé. Par quelle raison? Elle l'ignorait, mais elle respectait cette réserve, tout en ne pouvant s'empêcher d'en souffrir. Elle levait les yeux vers lui d'un air craintif et presque suppliant, puis elle écoutait gronder la foudre, et haussait les épaules en soupirant. Ses mains tremblaient malgré elle, de l'effort qu'elle faisait pour paraître tranquille. A mesure que l'heure avançait, Armand se sentait de moins en moins le courage de tenir sa promesse. Le dîner terminé, il n'osait se lever; la mère et le fils restèrent longtemps seuls, appuyés sur la table desservie, et se comprenant sans ouvrir les lèvres.

Vers onze heures, la femme de chambre de la baronne étant venue apporter les bougeoirs, Mme de Berville souhaita le bonsoir à son fils, et se retira dans son appartement pour dire ses prières accoutumées.

« Que fait-il, en effet, cet étourdi garçon? se disait Armand, tout en se débarrassant pour se mettre au lit, de son attirail de chasseur. Rien de bien inquiétant, cela est probable. Il fait les yeux doux à Mme de Vernage, et subit le silence imposant de la Bretonnière. Est-ce bien sûr? Il me semble qu'à cette heure-ci la Bretonnière doit être dans son coche, en route pour aller se coucher. Il est vrai que Tristan est peut-être en route aussi; j'en doute, pourtant; le chemin n'est pas bon, il pleut bien fort pour monter à cheval. D'une autre part, il y a d'excellents lits à Renonval, et une marquise si polie peut certainement offrir un asile à un capitaine surpris par l'orage. Il est probable, tout bien considéré, que Tristan ne reviendra que demain. Cela est fâcheux pour deux raisons: d'abord, cela inquiète notre mère, et puis, c'est toujours une chose dangereuse que ces abris trouvés chez une voisine; il n'y a rien qui porte moins conseil qu'une nuit passée sous le toit d'une jolie femme, et on ne dort jamais bien chez les gens dont on rêve. Quelquefois même, on ne dort pas du tout. Que va-t-il advenir de Tristan s'il se prend tout de bon pour cette coquette? Il a du cœur pour deux, mais tant pis. Elle trouvera aisé de le jouer, trop aisé, peut-être, c'est là mon espoir. Elle dédaignera d'en agir faussement envers un si noble caractère. Mais, après tout, se disait encore Armand, en soufflant sa bougie, qu'il revienne quand il voudra, il est beau et brave. Il s'en est tiré à Constantine, il s'en tirera à Renonval. »

Il y avait longtemps que toute la maison reposait et que le silence régnait dans la campagne lorsque le bruit des pas d'un cheval se fit entendre sur la route. Il était deux heures du matin; une voix impérieuse cria qu'on ouvrît, et tandis que le garçon d'écurie levait lourdement, l'une après l'autre, les barres de fer qui retenaient la grande porte, les chiens se mirent, selon leur coutume, à pousser de longs gémissements. Armand, qui dormait de tout son cœur, réveillé en sursaut, vit tout à coup devant lui son frère tenant un flambeau et enveloppé d'un manteau dégouttant de pluie.

« Tu rentres à cette heure-ci? lui dit-il; il est bien tard ou bien matin. »

Tristan s'approcha de lui, lui serra la main, et lui dit, avec l'accent d'une colère presque furieuse:

« Tu avais raison, c'est la dernière des femmes, et je ne la reverrai de ma vie. »

Après quoi il sortit brusquement.

CHAPITRE II

M ALGRÉ toutes les questions, toutes les instances que put faire Armand, Tristan ne voulut donner à son frère aucune explication des étranges paroles qu'il avait prononcées en rentrant. Le lendemain, il annonça à sa mère que ses affaires le forçaient d'aller à Paris pour quelques jours, et donna ses ordres en conséquence; il avait le dessein de partir le soir même.

« Il faut convenir, disait Armand, que tu en agis avec moi d'une façon un peu cavalière. Tu me fais la moitié d'une confidence, et tu t'en vas d'un jour à l'autre avec le reste de ton secret. Que veux-tu que je pense de ce départ impromptu?

— Ce qu'il te plaira, répondit Tristan avec une indifférence si tranquille qu'elle semblait n'avoir rien d'emprunté, tu ne feras qu'y perdre ta peine. J'ai eu un mouvement de colère, il est vrai, pour une bagatelle, une querelle d'amour-propre, une bouderie, enfin; je suis revenu de ma mauvaise humeur; l'orage m'a contrarié, je suis revenu je ne sais pourquoi, et je t'ai parlé sans savoir ce que je disais. Je conviendrai bien, si tu veux, qu'il y a un peu de froid entre la marquise et moi; mais, à la première occasion, tu nous verras amis comme devant.

— Tout cela est bel et bon, répliquait Armand, mais tu ne parlais pas hier par énigme, quand tu m'as dit: « C'est la dernière des femmes. » Il n'y a là nulle humeur qui tienne. Quelque chose est arrivé que tu me caches.

— Et que veux-tu qu'il me soit arrivé? demandait Tristan. »

A cette question, Armand baissait la tête, et restait muet; car, en pareille circonstance, du moment que son frère se taisait, toute supposition, même faite en plaisantant, pouvait être aisément blessante.

Vers le milieu de la journée, une calèche découverte entra dans la cour des Cignets. Un petit homme d'assez mauvaise tournure, à l'air gauche et endimanché, descendit aussitôt de la voiture, baissa lui-même le marchepied et présenta la main à une grande et belle femme, mise simplement et avec goût. C'était Mme de Vernage et la Bretonnière qui venaient faire visite à la baronne. Tandis qu'ils montaient le perron, où Mme de Berville vint les recevoir, Armand observa le visage de son frère avec un peu de surprise et beaucoup d'attention. Mais Tristan le regarda en souriant, comme pour lui dire: « Tu vois qu'il n'y a rien de nouveau. »

A la tournure aisée que prit la conversation, aux politesses froides, mais sans nulle contrainte, qu'échangèrent Tristan et la marquise, il ne semblait pas, en effet, que rien d'extraordinaire se fût passé la veille. La marquise apportait à Mme de Berville, qui aimait les oiseaux, un nid de rouges-gorges; la Bretonnière l'avait dans son chapeau. On descendit dans le jardin et on alla voir la volière. La Bretonnière, bien entendu, donna le bras à la baronne; les deux jeunes gens restèrent près de Mme de Vernage. Elle paraissait plus gaie que de coutume; elle marchait au hasard de côté et d'autre, sans respect pour les buis de la baronne, et tout en faisant un bouquet au passage.

« Eh bien! messieurs, dit-elle, quand chassons-nous? »

Armand attendait cette question pour entendre Tristan annoncer son départ. Il l'annonça effectivement d'un ton le plus calme; mais, en même temps, il fixa sur la marquise un regard pénétrant, presque dur et offensif. Elle ne parut y faire aucune attention, et ne lui demanda même pas quand il comptait revenir.

« En ce cas-là, reprit-elle, monsieur Armand, vous serez le seul représentant des Berville que nous verrons à Renonval; car je suppose que nous vous aurons. La Bretonnière dit qu'il a découvert, avec les lunettes de mon garde, une espèce de cochon sauvage à qui la barbe vient comme aux oiseaux les plumes...

— Point du tout, dit la Bretonnière, c'est une sorte de truie chinoise, de couleur noire, appelée tonkin. Lorsque ces animaux quittent la basse-cour et s'habituent à vivre dans les bois...

— Oui, dit la marquise, ils deviennent farouches, et, à force de manger du gland, les défenses leur poussent au bout du museau.

— C'est de toute vérité, répondit la Bretonnière, non pas, il est vrai, à la première, ni même à la seconde génération; mais il me suffit que le fait existe, ajouta-t-il d'un air satisfait.

— Sans doute, reprit Mme de Vernage, et si un homme s'avisait de faire comme mesdames les tonkines, de s'installer dans une forêt, il en résulterait que ses petits enfants auraient des cornes sur la tête. Et c'est ce qui prouve continua-t-elle en frappant de son bouquet sur la main de Tristan, qu'on a tort de faire le sauvage; cela ne réussit à personne.

— Cela est encore vrai, dit la Bretonnière; la sauvagerie est un grand défaut.

— Elle vaut pourtant mieux, répondit Tristan, qu'une certaine espèce de domesticité. »

La Bretonnière ouvrait de grands yeux, ne sachant trop s'il devait se fâcher.

« Oui, dit Mme de Berville à la marquise, vous avez bien raison. Grondez-moi ce méchant garçon, qui est toujours sur les grands chemins, et qui veut encore nous quitter ce soir pour aller à Paris. Défendez-lui donc de partir. »

Mme de Vernage, qui tout à l'heure n'avait pas dit un mot pour essayer de retenir Tristan, se voyant ainsi priée de le faire, y mit aussitôt toute l'insistance et toute la bonne grâce dont elle était capable. Elle prit son plus doux regard et son plus doux sourire pour dire à Tristan qu'il se moquait, qu'il n'avait point d'affaires à Paris, que la curiosité d'une chasse au tonkin devait l'emporter sur tout au monde; qu'enfin elle le priait officiellement de venir déjeuner le lendemain à Renonval. Tristan répondait à chacun de ses compliments par un de ces petits saluts insignifiants qu'ont inventés les gens qui ne savent quoi dire: il était clair que sa patience était mise à une cruelle épreuve. Mme de Vernage n'attendit pas un refus qu'elle prévoyait, et, dès qu'elle eut cessé de parler, elle se retourna et s'occupa d'autre chose, exactement comme si elle eût répété une comédie et que son rôle eût été fini.

« Que signifie tout cela? se disait toujours Armand. Quel est celui qui en veut à l'autre? Est-ce mon frère? est-ce la Bretonnière? Que vient faire ici la marquise? »

La façon d'être de Mme de Vernage était en effet difficile à comprendre. Tantôt elle témoignait à Tristan une froideur et une indifférence marquées; tantôt elle paraissait le traiter avec plus de familiarité et de coquetterie qu'à l'ordinaire. « Cassez-moi donc cette branche-là, lui disait-elle; cherchez-moi du muguet. J'ai dans le monde ce soir, je veux être toute en fleurs: je compte mettre une robe botanique, et avoir un jardin sur la tête. »

Tristan obéissait; il le fallait bien. La marquise se trouva bientôt avoir une véritable botte de fleurs, mais aucune ne lui plaisait. « Vous n'êtes pas connaisseur, disait-elle, vous êtes un mauvais jardinier; vous brisez tout, et vous croyez bien faire parce que vous vous piquez les doigts, mais ce n'est pas cela, vous ne savez pas choisir. »

En parlant ainsi, elle effeuillait les branches, puis les laissait tomber à terre, et les repoussait du pied en marchant, avec ce dédain sans souci qui fait quelquefois tant de mal le plus innocemment du monde.

Il y avait au milieu du parc une petite rivière avec un pont de bois qui était brisé, mais dont il restait encore quelques planches. La Bretonnière, selon sa manie, déclara qu'il y avait danger à s'y hasarder, et qu'il fallait revenir par un autre chemin. La marquise voulut passer, et commençait à prendre les devants, quand la baronne lui représenta que ce pont était vermoulu, et qu'elle courait le risque d'une chute assez grave.

« Bah! dit Mme de Vernage. Vous calomniez vos planches pour faire les honneurs de la profondeur de votre rivière; et si je faisais comme Condé, qu'est-ce qu'il arriverait donc? »

Devant monter à cheval au retour, elle avait à la main une cravache. Elle la jeta de l'autre côté de l'eau, dans une petite île:

« Maintenant, messieurs, reprit-elle, voilà mon bâton jeté à l'ennemi. Qui de vous ira le chercher?

— C'est fort imprudent, dit la Bretonnière; cette cravache est fort jolie; la pomme en est très bien ciselée.

— Y aura-t-il du moins une récompense honnête? demanda Armand.

— Fi donc! s'écria la marquise. Vous marchandez avec la gloire! Et vous, monsieur le hussard, ajouta-t-elle en se tournant vers Tristan, qu'est-ce que vous dites? passerez-vous? »

Tristan semblait hésiter, non par crainte du danger ni du ridicule, mais par un sentiment de répugnance à se voir ainsi provoqué pour une semblable bagatelle. Il fronça le sourcil et répondit froidement:

« Non, madame.

— Hélas! dit Mme de Vernage en soupirant, si mon pauvre Phanor était là, il m'aurait déjà rendu ma cravache. »

La Bretonnière, tâtant le pont avec sa canne, le contemplait d'un air de réflexion profonde; appuyé nonchalamment sur la poutre brisée qui servait de rampe, la marquise s'amusait à faire plier les planches en se balançant au-dessus de l'eau: elle s'élança tout à coup, traversa le pont avec une vivacité et une légèreté charmantes, et se mit à courir dans l'île. Armand avait voulu la prévenir, mais son frère lui prit le bras, et se mettant à marcher à grands pas, l'entraîna à l'écart dans une allée; là, dès que les deux jeunes gens furent seuls:

« La patience m'échappe, dit Tristan. J'espère que tu ne me crois pas assez sot pour me fâcher d'une plaisanterie; mais cette plaisanterie a un motif. Sais-tu ce qu'elle vient chercher ici? Elle vient me braver, jouer avec ma colère, et voir jusqu'à quel point j'endurerai son audace; elle sait ce que signifie son froid persiflage. Misérable cœur! méprisable femme, qui, au lieu de respecter mon silence et de me laisser m'éloigner d'elle en paix, vient promener ici sa petite vanité, et se faire une sorte de triomphe d'une discrétion qu'on ne lui doit pas!

— Explique-toi, dit Armand; qu'y a-t-il?

— Tu sauras tout, car, aussi bien, tu es intéressé, puisque tu es mon frère. Hier au soir, pendant que nous causions sur la route, et que tu me disais tant de mal de cette femme, je suis descendu de cheval au carrefour des Roches. Il y avait à terre une branche de saule, que tu ne m'as pas vu ramasser; cette branche de saule, c'était Mme de Vernage qui l'avait enfoncée dans le sable, en se promenant le matin. Elle riait tout à l'heure en m'en faisant casser d'arbres aux arbres; mais celle-là avait un sens: elle voulait dire que la gouvernante et les enfants de la marquise étaient allés chez son oncle à Beaumont, que la Bretonnière ne viendrait pas dîner, et que, si je craignais d'éveiller les gens en sortant de Renonval un peu plus tard, je pouvais laisser mon cheval chez le bonhomme du Héloy.

— Peste! dit Armand, tout cela dans un brin de saule!

— Oui, et plût à Dieu que j'eusse repoussé du pied ce brin de saule comme elle vient de le faire pour nos fleurs. Mais, je te l'ai dit et tu l'as vu toi-même, je l'aimais, j'étais sous le charme. Quelle bizarrerie! Oui! hier encore je l'adorais; j'étais tout amour, j'aurais donné mon sang pour elle, et aujourd'hui...

— Eh bien, aujourd'hui?

— Écoute; il faut, pour que tu comprennes, que tu saches d'abord une petite aventure qui m'est arrivée l'an passé. Tu sauras donc qu'au bal de l'Opéra, j'ai rencontré une espèce de grisette, de modiste, je ne sais quoi. Je suis venu à faire sa connaissance par un hasard assez singulier. Elle était assise à côté de moi, et je ne faisais nulle attention à elle, lorsque Saint-Aubin, que tu connais, vint me dire bonsoir. Au même instant, ma voisine, comme effrayée, cacha sa tête derrière mon épaule; elle me dit à l'oreille qu'elle me suppliait de la tirer d'embarras, de lui donner le bras pour faire un tour de foyer; je ne pouvais guère m'y refuser. Je me levai avec elle, et je quittai Saint-Aubin. Elle me conta là-dessus qu'il était son amant, qu'elle avait peur de lui, qu'il était jaloux, enfin qu'elle le fuyait. Je me trouvais ainsi tout à coup jouer, aux yeux de Saint-Aubin, le rôle d'un rival heureux; car il avait reconnu sa grisette, et nous suivait d'un air mécontent. Que te dirai-je. Il me parut plaisant de prendre à peu près au sérieux ce rôle que l'occasion m'offrait. J'emmenai souper la petite fille. Saint-Aubin, le lendemain, vint me trouver et voulut se fâcher. Je lui ris au nez, et je n'eus pas de peine à lui faire entendre raison. Il convint de bonne grâce qu'il n'était guère possible de se couper la gorge pour une demoiselle qui se réfugiait au bal masqué pour fuir la jalousie de son amant. Tout se passa en plaisanterie, et l'affaire fut oubliée; tu vois que le mal n'est pas grand.

— Non, certes; il n'y a là rien de bien grave.

— Voici maintenant ce qui arrive: Saint-Aubin, comme tu sais, voit quelquefois Mme de Vernage. Il est venu ici et à Renonval. Or, cette nuit, au moment même où la marquise, assise près de moi, écoutait de son grand air de reine toutes les folies qui me passaient par la tête, et essayait, en souriant, cette bague qui, grâce au ciel, est encore à mon doigt, sais-tu ce qu'elle imagine de me dire? Que cette histoire de bal lui a été contée, qu'elle la sait de bonne source, que Saint-Aubin adorait cette grisette, qu'il a été au désespoir de l'avoir perdue, qu'il a voulu se venger, qu'il m'a demandé raison, que j'ai reculé et qu'alors... »

Tristan ne put achever. Pendant quelques minutes les deux frères marchèrent en silence.

« Qu'as-tu répondu? dit enfin Armand.

— Je lui ai répondu une chose très simple. Je lui ai dit tout bonnement: Madame la marquise, un homme qui souffre qu'un autre homme lève la main sur lui impunément s'appelle un lâche, vous le savez très bien. Mais la femme qui, sachant cela, ou le croyant, devient la maîtresse de ce lâche, s'appelle aussi d'un certain nom qu'il est inutile de vous dire. Là-dessus, j'ai pris mon chapeau.

— Et elle ne t'a pas retenu?

— Si fait, elle a d'abord voulu prendre les choses en riant, et me dire que je me fâchais pour un propos en l'air. Ensuite, elle m'a demandé pardon de m'avoir offensé sans dessein; je ne sais même pas si elle n'a pas essayé de pleurer. À tout cela, je lui ai répliqué, sinon que je n'attachais aucune importance à une indignité qui ne pouvait m'atteindre, qu'elle était libre de croire et de penser tout ce que bon lui semblerait, et que je ne me donnerais pas la moindre peine pour lui ôter son opinion. Je suis, lui ai-je dit, soldat depuis dix ans, mes camarades qui me connaissent auraient quelque peine à admettre votre conte, et par conséquent je ne me soucie qu'autant qu'il faut pour le mépriser.

— Est-ce là réellement ta pensée?

— Y songes-tu? Si je pouvais hésiter à savoir ce que j'ai à faire, c'est précisément parce que je suis soldat que je n'aurais pas deux partis à prendre. Veux-tu que je laisse une femme sans cœur plaisanter avec mon honneur et répéter demain sa misérable histoire à une coquette de son bord, ou à quelqu'un de ces petits garçons à qui tu prétends qu'elle tourne la tête? Supposes-tu que mon nom, le tien, celui de notre mère, puisse devenir un objet de risée? Seigneur Dieu; cela fait frémir!

— Oui, dit Armand, et voilà cependant les petits badinages pleins de grâce qu'inventent ces dames pour se désennuyer. Faire d'une niaiserie un roman bien noir, bien scandaleux, voilà le bon plaisir de leur cervelle creuse. Mais que comptes-tu faire maintenant?

— Je compte aller ce soir à Paris. Saint-Aubin est aussi un soldat; c'est un brave; je suis loin de croire, Dieu m'en préserve! qu'un mot de sa part ait jamais pu donner l'idée de cette fable fabriquée par quelque femme de chambre; à coup sûr, je le ramènerai ici, et il ne lui sera pas plus difficile de dire tout haut la vérité, qu'il ne me le sera, à moi, de l'entendre. C'est une démarche fâcheuse, pénible, que je ferai là, sans nul doute; c'est une triste chose que d'aller trouver un camarade et de lui dire: « On m'accuse d'avoir manqué de cœur. » Mais qu'importe, en pareille circonstance, tout est juste et doit être permis. Je te le répète, c'est notre nom que je défends, mon nom qui ne devait pas sortir de là pur comme de l'or, je m'arracherais moi-même la croix que je porte. Il faut que je parte. Il faut que la marquise entende Saint-Aubin lui dire, en ma présence, qu'on lui a répété un sot conte, et que ceux qui l'ont forgé en ont menti. Mais une fois cette explication faite, il faut que la marquise m'entende aussi à mon tour; il faut que je lui donne bien discrètement, en termes bien polis, en tête-à-tête, une leçon qu'elle n'oubliera jamais; je veux avoir le petit plaisir de lui exprimer nettement ce que je pense de son orgueil et de sa ridicule pruderie. Je ne prétends pas faire comme Bussy d'Amboise, qui après avoir exposé sa vie pour aller chercher le bouquet de sa maîtresse, le lui jeta à la figure; je m'y prendrai plus civilement; mais quand une bonne parole produit son effet, il importe peu comment elle est dite, et je réponds d'ici à quelque temps, du moins, la marquise sera moins fière, moins coquette et moins hypocrite.

— Allons rejoindre la compagnie, dit Armand, et ce soir j'irai avec toi. Je te laisserai faire tout seul cela va sans dire; mais, si tu me le permets, je serai dans la coulisse. »

La marquise se disposait à retourner chez elle lorsque les deux frères reparurent. Elle se doutait vraisemblablement qu'elle avait été pour quelque chose dans leur conversation, mais son visage n'en exprimait rien; jamais, au contraire, elle n'avait semblé plus calme et plus contente d'elle-même. Ainsi qu'il a été dit, elle s'en allait à cheval. Tristan, faisant les honneurs de la maison, s'approcha pour lui prendre le pied et la mettre en selle. Comme elle avait marché sur le sable mouillé, son brodequin était humide, en sorte que l'empreinte en resta marquée sur le gant de Tristan. Dès que Mme de Vernage fut partie, Tristan ôta ce gant et le jeta à terre.

« Hier, je l'aurais baisé, » dit-il à son frère.

Le soir venu, les deux jeunes gens prirent la poste ensemble, et allèrent coucher à Paris. Mme de Berville, toujours inquiète et toujours indulgente, comme une vraie mère qu'elle était, fit semblant de croire aux raisons qu'ils prétendaient avoir pour partir. Dès le lendemain matin, comme on le pense bien, leur premier soin fut d'aller demander M. de Saint-Aubin, capitaine de dragons, rue Neuve-Saint-Augustin, à l'hôtel garni où il logeait habituellement quand il était en congé.

« Dieu veuille que nous le trouvions! disait Armand. Il est peut-être en garnison bien loin.

— Quand il serait à Alger, répondait Tristan, il faut qu'il parle, ou du moins qu'il écrive; j'y mettrai six mois, s'il le faut, mais je le trouverai, ou il dira pourquoi. »

Le garçon de l'hôtel était un Anglais, chose fort commode peut-être pour les sujets de la reine Victoria curieux de visiter Paris, mais assez gênante pour les Parisiens. À la première parole de Tristan, il répondit par l'exclamation la plus britannique:

« Oh!
— Voilà qui est bien, dit Armand, plus impatient encore que son frère ; mais M. de Saint-Aubin est-il ici ?
— Oh! no.
— N'est-ce pas dans cette maison qu'il demeure ?
— Oh! yes.
— Il est donc sorti ?
— Oh! no
— Expliquez-vous. Peut-on lui parler ?
— No, sir, impossible.
— Pourquoi impossible ?
— Parce qu'il est... Comment dites-vous ? Il est malade ?
— Oh! no, il est mort. »

CHAPITRE III

Il serait difficile de peindre l'espèce de consternation qui frappa Tristan et son frère en apprenant la mort de l'homme qu'ils avaient un si grand désir de retrouver. Ce n'est jamais, quoi qu'on en dise, une chose indifférente que la mort. On ne la brave pas sans courage, on ne la voit pas sans horreur, et il est même douteux qu'un gros héritage puisse rendre vraiment agréable sa hideuse figure, dans le moment où elle se présente. Mais quand elle nous enlève subitement quelque une de nos espérance, quand elle se mêle de nos affaires et nous prend dans les mains ce que nous croyons tenir, c'est alors surtout qu'on sent sa puissance, et que l'homme reste muet devant le silence éternel.

Saint-Aubin avait été tué en Algérie, dans une razzia. Après s'être fait raconter, tant bien que mal, par les gens de l'hôtel, les détails de cet événement, les deux frères reprirent tristement le chemin de la maison qu'ils habitaient à Paris.

« Que faire maintenant ? dit Tristan ; je croyais n'avoir, pour sortir d'embarras, qu'un mot à dire à un honnête garçon, et il n'est plus. Pauvre garçon ! je m'en veux moi-même de ce qu'un motif d'intérêt personnel se mêle au chagrin que me cause sa mort. C'était un brave et digne officier ; nous avions bivouaqué et trinqué ensemble. Ayez donc trente ans, une vie sans reproche, une bonne tête et un sabre à son côté, pour aller vous faire assassiner par un Bédouin en embuscade! Tout est fini, je ne songe plus à rien, je ne veux pas m'occuper d'un conte quand j'ai à pleurer un ami. Que toutes les marquises du monde disent ce qui leur plaira.

— Ton chagrin est juste, répondit Armand ; je le partage et je le respecte ; mais, tout en regrettant un ami et en méprisant une coquette, il ne faut pourtant rien oublier. Le monde est là, avec ses lois ; il ne voit ni ton dédain, ni tes larmes ; il faut lui répondre dans sa langue, ou, tout au moins, l'obliger à se taire.

— Et que veux-tu que j'imagine ? Où veux-tu que je trouve un témoin, une preuve quelconque, un être ou une chose qui puisse parler pour moi ? Tu comprends bien que Saint-Aubin, lorsqu'il est venu me trouver pour s'expliquer en galant homme sur une aventure de grisette, n'avait pas amené avec lui tout son régiment. Les choses se sont passées en tête-à-tête ; si elles eussent dû devenir sérieuses, alors, les témoins seraient là ; mais nous nous sommes donné une poignée de main, et nous avons déjeuné ensemble ; nous n'avions que faire d'inviter personne.

— Mais il n'est guère probable, reprit Armand, que cette sorte de querelle et de réconciliation soit demeurée tout à fait secrète. Quelques amis communs ont dû la connaître. Rappelle-toi, cherche dans tes souvenirs.

— Et à quoi bon ? quand même, en cherchant bien, je pourrais trouver quelqu'un qui se souvînt de cette vieille histoire, ne veux-tu pas que j'aille me faire donner par le premier venu une sorte d'attestation comme quoi je ne suis pas un poltron ? Avec Saint-Aubin, je pouvais agir sans crainte ; tout se demande à un ami. Mais quel rôle jouerais-je, à l'heure qu'il est, en allant dire à un de nos camarades : « Vous rappelez-vous une petite fille, un bal, une querelle de l'an passé ? » On se moquerait de moi, et on aurait raison.

— C'est vrai ; et cependant il est triste de laisser une femme, et une femme orgueilleuse, vindicative et offensée, tenir impunément de méchants propos.

— Oui, cela est triste plus qu'on ne peut le dire. A une insulte faite par un homme on répond par un coup d'épée. Contre toute espèce d'injure, publique ou non... même imprimée, on peut se défendre ; mais quelle ressource a-t-on contre une calomnie sourde, répétée dans l'ombre, à voix basse, par une femme malfaisante qui veut vous nuire. C'est là le triomphe de la lâcheté. C'est là qu'une pareille créature, dans toute la perfidie du mensonge, dans toute la sécurité de l'impudence, vous assassine à coups d'épingle ; c'est là qu'elle ment avec tout l'orgueil, toute la joie de la faiblesse qui se venge ; c'est là qu'elle glisse à loisir, dans l'oreille d'un sot qu'elle cajole, une infamie étudiée, revue et augmentée par l'auteur ; et cette infamie fait son chemin, cela se répète, se commente, et l'honneur, le bien du soldat, l'héritage des aïeux, le patrimoine des enfants, est mis en question pour une telle misère ! »

Tristan parut réfléchir pendant quelque temps, puis il ajouta d'un ton à demi sérieux, à demi plaisant :
« J'ai envie de me battre avec la Bretonnière.
— A propos de quoi ? dit Armand, qui ne put s'empêcher de rire. Que t'a fait ce pauvre diable dans tout cela ?
— Ce qu'il m'a fait, c'est qu'il est très possible qu'il soit au courant de mes affaires. Il est assez dans les initiés, et passablement curieux de sa nature ; je ne serais pas du tout surpris que la marquise le prît pour confident.
— Tu avoueras du moins que ce n'est pas sa faute si on lui raconte une histoire, et qu'il n'en est pas responsable.
— Bah ! et s'il s'en fait l'éditeur ? Cet homme-là, qui n'est qu'une mouche du coche, est plus jaloux cent fois de Mme de Vernage que s'il était son mari ; et en supposant qu'elle lui récite le beau roman inventé sur mon compte, crois-tu qu'il s'amuse à en garder le secret ?
— A la bonne heure, mais encore faudrait-il être sûr d'abord qu'il en parle, et même, dans ce cas-là, je ne vois guère qu'il puisse être juste de chercher querelle à quelqu'un parce qu'il répète ce qu'il a entendu dire. Quelle gloire y aurait-il d'ailleurs à faire peur à la Bretonnière ? Il ne se battrait certainement pas, et, franchement, il serait dans son droit.
— Il se battrait. Ce garçon-là me gêne ; il est ennuyeux, il est de trop dans ce monde.
— En vérité, mon cher Tristan, tu parles comme un homme qui ne sait à qui s'en prendre. Ne dirait-on pas, à t'entendre, que tu cherches une affaire d'honneur pour rétablir ta réputation, ou que tu as besoin d'une balafre pour la montrer à ta maîtresse, comme un étudiant allemand ?
— Mais, aussi, c'est que je me trouve dans une situation vraiment intolérable. On m'accuse, on me déshonore, et je n'ai pas un moyen de me venger! Si je croyais réellement... »

Les deux jeunes gens passaient en cet instant sur le boulevard, devant la boutique d'un bijoutier. Tristan s'arrêta de nouveau, tout à coup, pour regarder un bracelet placé à l'étalage.
« Voilà une chose étrange, dit-il.
— Qu'est-ce que c'est ? veux-tu te battre aussi avec la fille de comptoir ?
— Non pas, mais tu me conseillais de chercher dans mes souvenirs. En voici un qui se présente. Tu vois bien ce bracelet d'or qui, du reste, n'a rien de merveilleux : un serpent avec deux turquoises. Dans le moment de ma dispute avec Saint-Aubin, il venait de commander, chez ce même marchand, dans cette boutique, un bracelet comme celui-là, lequel bracelet était destiné à cette grisette dont il s'occupait, et qui avait failli nous brouiller. Il me dit, lorsque, après notre querelle vidée, nous eûmes déjeuné ensemble : « Parbleu, me dit-il en riant, tu viens de m'enlever la fièvre de mes pensées à l'instant où je me disposais à lui faire un cadeau ; c'était un petit bracelet avec mon nom gravé en dedans ; mais, ma foi, elle ne l'aura pas. Si tu veux le lui donner, je te le cède ; puisque tu es le préféré, il faut que tu payes

ta bienvenue. — Faisons mieux, répondis-je; soyons de moitié dans l'envoi que tu comptais lui faire. — Tu as raison, reprit-il; mon nom est déjà sur la plaque, il faut que le tien y soit gravé aussi, et, en signe de bonne amitié, nous y ferons ajouter la date. » Ainsi fut dit, ainsi fut fait. La date et les deux noms, écrits sur le bracelet, furent envoyés à la demoiselle, et doivent actuellement exister quelque part en la possession de Mlle Javotte (c'est le nom de notre héroïne), à moins qu'elle ne l'ait vendu pour aller dîner.

— A merveille, s'écria Armand; cette preuve que tu cherchais est toute trouvée. Il faut maintenant que ce bracelet reparaisse. Il faut que la marquise voie les deux signatures et le jour bien spécifié. Il faut que Mlle Javotte elle-même témoigne au besoin de la vérité et de l'identité de la chose. N'en est-ce pas assez pour prouver clairement que rien de sérieux n'a pu se passer entre Saint-Aubin et toi? Certes, deux amis qui, pour se divertir, font un pareil cadeau à une femme qu'ils se disputent, ne sont pas bien en colère l'un contre l'autre, et il devient alors évident...

— Oui, tout cela est très bien, dit Tristan; ta tête va plus vite que la mienne; mais pour exécuter cette grande entreprise, ne vois-tu pas qu'avant de retrouver ce bracelet si précieux, il faudrait commencer par retrouver Javotte? Malheureusement ces deux découvertes semblent également difficiles. Si, d'un côté, la jeune personne est sujette à perdre ses nippes, elle est capable, d'une autre part, de s'égarer fort elle-même. Chercher, après un an d'intervalle, une grisette sur le pavé de Paris, et, dans le tiroir de cette grisette, un gage d'amour fabriqué en métal, cela me paraît au-dessus de la puissance humaine; c'est un rêve impossible à réaliser.

— Pourquoi? reprit Armand; essayons toujours. Vois comme le hasard, de lui-même, te fournit l'indice qu'il te fallait; tu avais oublié ce bracelet; il te le met presque devant les yeux, ou du moins il te le rappelle. Tu cherchais un témoin, le voilà, il est irrécusable; ce bracelet dit tout: ton amitié pour Saint-Aubin, son estime pour toi, le peu de gravité de l'affaire. La Fortune est femme, mon cher; quand elle fait des avances, il faut en profiter. Penses-y, tu n'as que ce moyen d'imposer silence à Mme de Vernage; Mlle Javotte et son serpentin bleu sont la seule et unique ressource. Paris est grand, c'est vrai, mais nous avons du temps. Ne la perdons pas; et d'abord où demeurait jadis cette demoiselle?

— A te vrai dire, je n'en sais plus rien; c'était, je crois, dans un passage, une espèce de square, de cité.

— Entrons chez le bijoutier et questionnons-le. Les marchands ont quelquefois une mémoire incroyable; ils se souviennent des gens après des années, surtout de ceux qui ne les payent pas très bien.

Tristan se laissa conduire par son frère; tous deux entrèrent dans la boutique. Ce n'était pas chose facile que de rappeler au marchand un objet de peu de valeur acheté chez lui il y avait longtemps. Il ne l'avait pourtant pas oublié, à cause de la singularité des deux noms réunis.

« Je me souviens, en effet, d'un petit bracelet que deux jeunes gens m'ont commandé l'hiver dernier, et je reconnais bien monsieur. Mais quant à savoir où ce bracelet a été porté, et à qui, je n'en peux rien dire.

— C'était à une demoiselle Javotte, dit Armand, qui devait demeurer dans un passage.

— Attendez, reprit le bijoutier. Il ouvrit son livre, le feuilleta, réfléchit, se consulta, et finit par dire: C'est cela même; mais ce n'est point le nom de Javotte que je trouve sur mon livre. C'est le nom de Mme de Monval, cité Bergère, 4.

— Vous avez raison, dit Tristan, elle se faisait appeler ainsi; ce nom de Monval m'était sorti de la tête; peut-être avait-elle le droit de le porter, car son titre de Javotte n'était, je crois, qu'un sobriquet. Travaillez-vous encore quelquefois pour elle? vous a-t-elle acheté autre chose?

— Non, monsieur; elle m'a vendu, au contraire, une chaîne d'argent cassée qu'elle avait.

— Mais point le bracelet?

— Non, monsieur.

— Va pour Monval, dit Armand; grand merci, monsieur. Allons, nous en route pour la cité Bergère.

— Je crois, dit Tristan en quittant le bijoutier, qu'il serait bon de prendre un fiacre. J'ai quelque peur que Mme de Monval n'ait changé plusieurs fois de domicile, et que notre course ne soit longue. »

Cette prévision était fondée. La portière de la cité Bergère apprit aux deux frères que Mme de Monval avait déménagé depuis longtemps, qu'elle s'appelait à présent Mlle Durand, ouvrière en robes, et qu'elle demeurait rue Saint-Jacques.

« Est-elle à son aise? a-t-elle de quoi vivre? demanda Armand, poursuivi par la crainte du bracelet vendu.

— Oh! oui, monsieur, elle fait beaucoup de dépense; elle avait ici un logement complet, des meubles d'acajou et une batterie de cuisine. Elle voyait beaucoup de militaires, toutes personnes décorées et très comme il faut. Elle donnait quelquefois de très jolis dîners qu'on faisait venir du café Vachette. Tous ces messieurs étaient bien gais, et elle avait un ami qui avait une bien belle voix; il chantait comme un vrai artiste de l'Académie. Du reste, monsieur, il n'y a jamais eu rien à dire sur le compte de Mme de Monval. Elle étudiait aussi pour être artiste; c'était moi qui faisais son ménage, et elle ne sortait jamais qu'en citadine.

— Fort bien, dit Armand; allons rue Saint-Jacques.

— Mlle Durand ne loge plus ici, répondit la seconde portière; il y a six mois qu'elle s'en est allée, et nous ne savons trop où elle est. Ce ne doit pas être dans un palais, car elle n'est pas partie en carrosse, et elle n'emportait pas grand'chose.

— Est-ce qu'elle menait une vie malheureuse?

— Oh! mon Dieu, une vie bien pauvre. Elle n'était guère à l'aise, cette demoiselle. Elle demeurait là, au fond de l'allée, sur la cour, derrière la fruitière. Elle travaillait toute la sainte journée; elle ne gagnait guère, et elle avait bien du mal. Elle allait au marché le matin, et elle faisait sa soupe elle-même sur un petit fourneau qu'elle avait. On ne peut pas dire qu'elle manquait de soin, mais cela sentait toujours les choux dans sa chambre. Il y a une dame en deuil qui est venue, et de ses tantes, qui l'a emmenée; nous croyons qu'elle s'est mise aux sœurs du Bon-Pasteur. La lingère du coin vous dira peut-être cela; c'est elle qui l'employait.

— Allons chez la lingère, dit Armand; mais les choux sont de mauvais augure. »

Le troisième renseignement recueilli sur Javotte ne fut pas d'abord plus satisfaisant que les deux premiers. Moyennant une petite somme que sa famille avait eu le moyen de fournir, elle était entrée, en effet, au couvent des sœurs du Bon-Pasteur, et y avait passé environ trois mois. Comme sa conduite était bonne, la protection de quelques personnes charitables l'avait fait admettre par les sœurs, qui lui montraient beaucoup de bonté et qui n'avaient qu'à se louer de son obéissance. « Malheureusement, disait la lingère, cette pauvre enfant a une tête si vive qu'il ne lui est pas possible de rester en place. C'était une grande faveur pour elle que d'avoir été reçue comme pensionnaire par les religieuses. Tout le monde disait du bien d'elle, et elle remplissait régulièrement ses devoirs de religion, en même temps qu'elle travaillait très bien, car c'est une bonne ouvrière. Mais, tout d'un coup, sa tête est partie; elle a demandé à s'en aller. Vous comprenez, monsieur, que dans ce temps-ci un couvent n'est pas une prison; on lui a ouvert les portes, et elle s'est envolée.

— Et vous ignorez ce qu'elle est devenue?

— Pas tout à fait, répondit la lingère. Il y a une de mes demoiselles qui l'a rencontrée au Ranelagh. Elle se fait appeler maintenant Amélina Rosenval. Je crois qu'elle demeure rue Bréda et qu'elle est figurante aux Folies-Dramatiques. »

Tristan commençait à se décourager.

« Laissons tout cela, dit-il à son frère. A la tournure que prennent les choses, nous n'en aurons jamais fini. Qui sait si Mlle Durand, Mme de Monval, Mme Rosenval, n'est pas en Chine ou à Quimper-Corentin?

— Il faut y voir, dit Armand, toujours Tristan. Nous avons trop fait pour nous arrêter. Qui te dit que nous ne sommes pas sur le point de découvrir notre voyageuse? Ouvrière ou artiste, nonne ou figurante, je la trouverai. Ne faisons pas comme cet homme qui avait parié de traverser pieds nus un bassin gelé au mois de janvier, et qui, arrivé à moitié chemin, trouva que c'était trop froid, et revint sur ses pas. »

Armand avait raison cette fois. Mme Rosenval en personne fut découverte rue Bréda; mais il ne s'agissait plus, à cette nouvelle adresse, du couvent, ni des choux, ni du Ranelagh. De figurante qu'elle était naguère, Mme Rosenval était devenue tout à coup, par la grâce du hasard et d'un ancien préfet, personnage important et protecteur des arts, *prima donna* d'un théâtre de province. Elle habitait depuis quelque temps une assez grande ville du midi de la France, où son talent, nouvellement découvert, mais généreusement encouragé, faisait les délices des connaisseurs du lieu et l'admiration de la garnison. Elle se trouvait à Paris en passant, pour contracter, si faire se pouvait, un engagement dans la capitale. On dit aux deux jeunes gens, il est vrai, qu'on ne savait pas s'ils pourraient être reçus; mais ils furent introduits par une femme de chambre dans un appartement assez riche, d'un goût peu sévère, orné de statuettes, de glaces et de cartons-pâtes, à peu près comme un café. La maîtresse du lieu était à sa toilette; elle fit dire qu'on attendit, et qu'elle allait recevoir M. de Berville.

« A présent, je te laisse, dit Armand à son frère; tu vois que nous sommes venus à bout de notre campagne. C'est à toi de faire le reste; décide Mme Rosenval à te rendre ton bracelet; qu'elle l'accompagne d'un mot de sa main qui donne plus de poids à cette restitution; reviens armé de cette preuve authentique et moquons-nous de la marquise. »

Armand sortit sur ces paroles, et Tristan resta seul à se promener dans le somptueux salon de Javotte. Il y était depuis un quart d'heure, lorsque la porte de la chambre à coucher s'ouvrit. Un gros et grand monsieur, à la démarche grave, à la tête grisonnante, portant des lunettes, une chaîne, un binocle et des breloques de montre, le tout en or, s'avança d'un air affable et majestueux. « Monsieur, dit-il à Tristan, j'apprends que vous êtes le parent de Mme Rosenval. Si vous voulez prendre la peine d'entrer, elle vous attend dans son cabinet. »

Il fit un léger salut et se retira.

« Peste! se dit Tristan, il paraît que Javotte voit à présent meilleure compagnie que dans l'allée de la rue Saint-Jacques. »

Soulevant une portière de soie chamarrée, que lui avait indiquée le monsieur aux lunettes d'or, il pénétra dans un boudoir tendu en mousseline rose, où Mme Rosenval, étendue sur un canapé, le reçut d'un air nonchalant. Comme on ne retrouve jamais sans plaisir une femme qu'on a aimée, fût-ce Amélina, fût-ce même Javotte, surtout lorsque l'on s'est donné tant de peine pour la chercher, Tristan baisa avec empressement la main fort blanche de son ancienne conquête, puis il prit place à côté d'elle, et débuta, comme cela se devait, par lui faire des compliments sur ce qu'elle était embellie, qu'il la revoyait plus charmante que jamais, etc... (toutes choses qu'on dit à toute femme qu'on retrouve, fût-elle devenue plus laide qu'un péché mortel).

« Permettez-moi, ma chère, ajouta-t-il, de vous féliciter de l'heureux changement qui me semble s'être opéré dans vos petites affaires. Vous êtes logée ici comme un grand seigneur.

— Vous serez donc toujours un mauvais plaisant, monsieur de Berville? répondit Javotte; cela est fort simple; ce n'est qu'un pied-à-terre, mais je me fais arranger quelque chose là-bas, car vous savez que je perche au diable.

— Oui, j'ai appris que vous étiez au théâtre.

— Mon Dieu, oui, je me suis décidée. Vous savez que la grande musique, la musique sérieuse, a été l'occupation de toute ma vie. M. le baron que vous venez de voir, je suppose, sortant d'ici et qui est un de mes bons amis, m'a persécutée pour prendre un engagement. Que voulez-vous je me suis laissé faire. Nous jouons toutes sortes de choses, le drame, le vaudeville, l'opéra.

— On m'a dit cela, reprit Tristan; mais j'ai à vous parler d'une affaire assez sérieuse, et, comme votre temps doit être précieux, trouvez bon que je me hâte de profiter de l'occasion que j'ai de vous faire mes confidences. Vous souvenez-vous d'un certain bracelet...? »

Tout en parlant, Tristan, par distraction, jeta les yeux sur la cheminée; la première chose qu'il y remarqua fut la carte de visite de la Bretonnière, accrochée à la glace.

« Est-ce que vous connaissez ce personnage-là? demanda-t-il avec surprise.

— Oui; c'est un ami du baron; je le vois de temps en temps, et je crois même qu'il dîne à la maison aujourd'hui. Mais, de grâce continuez donc, je vous en prie, et je vous écoute. »

CHAPITRE IV

IL y aurait peut-être pour le philosophe ou pour le psychologue, comme on dit, une curieuse étude à faire sur le chapitre des distractions. Supposez un homme qui est en train de parler des choses qui le touchent le plus à la personne dont il a le plus à craindre ou à espérer, à un avocat, à une femme ou à un ministre. Quel degré d'influence exercera sur lui une épingle qui le pique au milieu de son discours, une boutonnière qui se déchire, un voisin qui se met à jouer de la flûte? Que fera un acteur, récitant une tirade, et apercevant tout à coup un de ses créanciers dans la salle? Jusqu'à quel point, enfin, peut-on parler d'une chose, et en même temps penser à une autre?

Tristan se trouvait à peu près dans une situation de ce genre. D'une part, comme il l'avait dit, le temps pressait: le monsieur à lunettes d'or pouvait reparaître à tout moment. D'ailleurs, dans l'oreille d'une femme qui vous écoute, il y a une mouche qu'il faut prendre au vol; dès qu'il n'est plus trop tôt avec elle, presque toujours il est trop tard. Tristan attachait assez de prix à ce qu'il venait demander à Javotte pour y employer toute son éloquence. Plus la démarche qu'il faisait pouvait sembler bizarre et extraordinaire, plus il sentait la nécessité de terminer promptement. Mais, d'une autre part, il avait deux yeux dans la tête de la Bretonnière, ses regards ne pouvaient s'en détacher; et, tout en poursuivant l'objet de sa visite, il se répétait à lui-même: Je retrouverai donc cet homme-là partout?

« Enfin, que voulez-vous? dit Javotte. Vous êtes distrait comme un poète en couches. »

Il va sans dire que Tristan ne voulait point parler de son motif secret, ni prononcer le nom de la marquise.

« Je ne puis rien vous expliquer, répondit-il. Je ne puis vous dire une seule chose, c'est que vous m'obligeriez infiniment en me rendant le bracelet que Saint-Aubin et moi nous vous avons donné, s'il est encore en votre possession.

— Mais qu'est-ce que vous voulez en faire?

— Rien qui puisse vous inquiéter, je vous en donne ma parole.

— Je vous crois, Berville, vous êtes homme d'honneur. Le diable m'emporte, je vous crois.

(Mme Rosenval, dans ses nouvelles grandeurs, avait conservé quelques expressions qui sentaient encore un peu les choux.)

— Je suis enchanté, dit Tristan, que vous ayez de moi un si bon souvenir; vous n'oubliez pas vos amis.

— Oublier mes amis! jamais. Vous m'avez vue dans le monde quand j'étais sans le sou, je me plais à le reconnaître. J'avais deux paires de bas à jour qui se succédaient l'une à l'autre, et je mangeais la soupe dans une cuillère de bois. Maintenant je dîne dans de l'argent massif avec un laquais par derrière et plusieurs dindons par devant; mais mon cœur est toujours le même. Savez-vous que dans notre jeune temps nous nous amusions pour de bon? A présent, je m'ennuie comme un roi. Vous souvenez-vous d'un jour... à Montmorency? Non, ce n'était pas vous, je me trompe; mais c'est égal. Ah! les bonnes cerises! et ces côtelettes de veau que nous avons mangées chez le père Duval, au Château de la Chasse, pendant que le vieux coq, ce pauvre Coco, picorait du pain sur la table! Il y a eu pourtant deux Anglais assez bêtes pour faire boire de l'eau-de-vie à ce pauvre animal, et il en est mort. Avez-vous su cela. »

Lorsque Javotte parlait ainsi à peu près naturellement, c'était avec une volubilité extrême; mais quand ses grands airs la reprenaient, elle se mettait tout à coup à traîner ses phrases avec un air de rêverie et de distraction.

« Oui, vraiment, continua-t-elle d'une voix de duchesse enrhumée, je me souviens toujours avec plaisir de tout ce qui se rattache au passé.

— C'est à merveille, ma chère Amélina; mais, répondez, de grâce, à mes questions. Avez-vous conservé ce bracelet?

— Quel bracelet, Berville? qu'est-ce que vous voulez dire?

— Ce bracelet que je vous redemande, et que Saint-Aubin et moi nous vous avions donné?

— Fi donc! redemander un cadeau; c'est peu gentilhomme, mon cher.

— Il ne s'agit point ici de gentilhommerie. Je vous l'ai dit, il s'agit d'un service fort important que vous pouvez me rendre. Réfléchissez, je vous en conjure, et répondez-moi sérieusement. Si ce n'est que le bracelet qui vous tient au cœur, je m'engage bien volontiers à vous en mettre un autre à chaque bras, en échange de celui dont j'ai besoin.

— C'est fort galant de votre part.

— Non, ce n'est pas galant; c'est tout simple. Je ne vous parle ici que dans mon intérêt.

— Mais, d'abord, dit Javotte en se levant et en jouant de l'éventail, il faudrait savoir, comme je vous le disais, ce que vous en feriez, de ce bracelet. Je ne peux pas me fier à un homme qui n'a pas lui-même confiance en moi. Voyons, contez-moi un peu vos affaires. Il y a quelque femme, quelque tricherie là-dessous. Tenez, je parierais que c'est quelque ancienne maîtresse à vous ou à Saint-Aubin qui veut vous dépouiller de mes ustensiles de ménage. Il y a quelque brouille, quelque jalousie, quelque mauvais propos; allons, parlez donc.

— S'il faut absolument vous dire mon motif, répondit Tristan, voulant se débarrasser de ces questions, la vérité est que Saint-Aubin est mort: nous étions très liés, vous le savez, et je désirerais garder ce bracelet où nos deux noms sont écrits ensemble.

— Bah! quelle histoire vous me fabriquez là! Saint-Aubin est mort? Depuis quand?

— Il est mort en Afrique, il y a peu de temps.

— Vrai? Pauvre garçon! je l'aimais bien aussi. C'était un gentil cœur, et je me souviens que dans le temps il m'appelait sa beauté rose. — Voilà ma beauté rose, disait-il. Je trouve ce nom-là très joli. Vous rappelez-vous comme il était drôle un jour que nous étions à Ermenonville, et que nous avions tout cassé dans l'auberge? Il ne restait seulement pas une assiette. Nous avions jeté les chaises par les fenêtres à travers les carreaux, et le matin, tout justement, voilà qu'il arrive une grande longue famille de bons provinciaux qui venaient visiter la nature. Il ne se trouvait plus une tasse pour leur servir leur café au lait.

— Tête de folle! dit Tristan; ne pouvez-vous, une fois par hasard, faire attention à ce qu'on vous dit? Avez-vous mon bracelet, oui ou non?

— Je n'en sais rien du tout, et je n'aime pas les propositions faites à bout portant.

— Mais, vous avez, je le suppose, un coffre, un tiroir, un endroit quelconque à mettre vos bijoux? Ouvrez-moi ce tiroir ou ce coffre; je ne vous en demande pas davantage. »

Javotte sembla un peu réfléchir, se rassit près de Tristan, et lui prit la main.

« Écoutez, dit-elle, vous concevez que, si ce bracelet vous est nécessaire, je ne tiens pas à une pareille misère. J'ai de l'amitié pour vous, Berville; il n'y a rien que je ne fisse pour vous obliger. Mais vous comprenez bien aussi que ma position m'impose des devoirs. Il est possible que, d'ici à un an, j'entre à l'Opéra, dans les chœurs. M. le baron m'a promis d'y employer toute son influence. Un ancien préfet comme lui, a de l'empire sur les ministres, et M. de la Bretonnière, de son côté...

— La Bretonnière! s'écria Tristan impatienté; et que diantre fait-il ici? Apparemment qu'il trouve moyen d'être en même temps à Paris et à la campagne. Il ne nous quitte pas là-bas, et je le retrouve chez vous!

— Si vous dites que c'est un intrus, vous avez tort. C'est un homme fort distingué que M. de la Bretonnière. Il est vrai qu'il a une campagne près de la vôtre, et qu'il va souvent chez une personne que vous connaissez probablement, une marquise, une comtesse, je ne sais plus son nom.

— Est-ce qu'il vous parle d'elle? Qu'est-ce que cela veut dire?

— Certainement, il nous parle d'elle. Il la voit tous les jours, pas vrai? Il a son couvert mis à sa table; elle s'appelle Vernage, ou quelque chose comme ça; on sait ce que c'est, entre nous soit dit, que les voisins et les voisines... Eh bien! qu'est-ce que vous avez donc?

— Peste soit du fat! dit Tristan, prenant la carte de la Bretonnière et la froissant entre ses doigts. Il faut que je lui dise son fait un de ces jours.

— Oh! oh! Berville vous prenez feu, mon cher. La Vernage vous touche, je le vois. Eh bien! tenez, faisons l'échange. Votre confidence pour mon bracelet.

— Vous l'avez donc, ce bracelet?

— Vous l'aimez donc, cette marquise?

— Ne plaisantons pas. L'avez-vous?

— Non pas, je ne dis pas cela. Je vous répète que ma position...

— Belle position! Vous moquez-vous des gens. Quand vous iriez à l'Opéra, et quand vous seriez figurante à vingt sous par jour...

— Figurante! s'écria Javotte en colère. Pour qui me prenez-vous, s'il vous plaît? Je chanterai dans les chœurs, savez-vous!

— Pas plus que moi; on vous prêtera un maillot et une toque, et vous irez en procession derrière la princesse Isabelle; ou bien on vous donnera le dimanche une petite gratification pour vous enlever au bout d'une poulie dans le ballet de la *Sylphide*. Qu'est-ce que vous entendez avec votre position?

— J'entends et je prétends que, pour rien au monde, je ne voudrais que M. le baron pût voir mon nom mêlé à une mauvaise affaire. Vous voyez bien que, pour vous recevoir, j'ai dit que vous étiez mon parent. Je ne sais pas ce que vous ferez de ce bracelet, moi, et et il ne vous plaît pas de me le dire. M. le baron ne m'a jamais connue que sous le nom de Mme de Rosenval; c'est le nom d'une terre que mon père a vendue. J'ai des maîtres, mon cher, j'étudie, et je ne veux rien faire qui compromette mon avenir. »

Plus l'entretien se prolongeait, plus Tristan souffrait de la résistance et de l'étrange légèreté de Javotte. Évidemment le bracelet était là, dans cette chambre peut-être; mais où le trouver? Tristan se sentait par moments l'envie de faire comme les voleurs, et d'employer la menace pour parvenir à son but. Un peu de douceur et de patience lui semblait pourtant préférable.

« Ma brave Javotte, dit-il, ne nous fâchons pas. Je crois fermement à tout ce que vous me dites. Je ne veux non plus, en aucune façon, vous compromettre; chantez à l'Opéra, tant que vous voudrez, dansez même, si bon vous semble. Mon intention n'est nullement...

— Danser! mais ai-je joué Célimène! oui, mon petit, j'ai joué Célimène à Belleville, avant de partir pour la province; et mon directeur, M. Poupinel, qui a assisté à la représentation, m'a engagée tout de suite pour les troisièmes Dugazon. J'ai été ensuite seconde grande première coquette, premier rôle marqué, et forte première chanteuse; et c'est Brochard lui-même, qui est ténor léger, qui m'a fait résilier, et Gustave, qui est Larueite, a voyagé avec moi en Auvergne. Nous faisions quatre ou cinq cents francs avec la *Tour de Nesle* et *Adolphe et Clara*, nous ne jouions que ces deux pièces-là partout. Si vous croyez que je vais danser!

— Ne nous fâchons pas ma belle, je vous en conjure.

— Savez-vous que j'ai joué avec Frédérick? Oui, j'ai joué avec Frédérick, en province, au bénéfice d'un homme de lettres. Il est vrai que je n'avais pas un grand rôle; je faisais un page dans *Lucrèce Borgia*, mais toujours j'ai joué avec Frédérick.

— Je n'en doute pas, vous ne danserez point; je vous supplie de m'excuser; mais, ma chère, le temps se passe, et vous répondez à beaucoup de choses, excepté à ce que je vous demande. Finissons-en, s'il est possible. Dites-moi: voulez-vous me permettre d'aller à l'instant même chez Fossin, d'y prendre un bracelet, une chaîne, une bague, ce qui vous amusera, ce qui pourra vous plaire, de vous l'envoyer ou de vous le rapporter, selon votre fantaisie; en échange de quoi vous me renverrez ou vous me rendrez à moi-même cette bagatelle que vous me demandez, et à laquelle vous ne tenez pas sans doute?

— Qui sait! dit Javotte d'un ton radouci; nous autres, nous tenons à peu de chose; et je suis comme cela, j'aime mes effets.

— Mais ce bracelet ne vaut pas dix louis, et, apparemment, ce n'est pas ce qu'il y a d'écrit dessus qui vous le rend précieux? »

La vanité masculine, d'une part, et la coquetterie féminine, d'une autre, sont deux choses si naturelles et qui retrouvent toujours si bien leur compte, que Tristan n'avait pu s'empêcher de se rapprocher de Javotte en faisant cette question. Il avait entouré doucement de son bras la jolie taille de son ancienne amie, et Javotte, la tête penchée sur son éventail, souriait en soupirant tout bas, tandis que la moustache du jeune hussard effleurait déjà ses cheveux blonds; le souvenir du passé et l'idée d'un bracelet neuf lui faisaient palpiter le cœur.

« Parlez, Tristan, dit-elle, soyez tout à fait franc. Je suis bonne fille; n'ayez pas peur. Dites-moi où ira mon serpentin bleu.

— Eh bien! mon enfant, répondit le jeune homme, je vais tout vous avouer; je suis amoureux.

— Est-elle belle?

— Vous êtes plus jolie, elle est jalouse, elle veut ce bracelet; il lui est revenu, je ne sais comment, que je vous ai aimée...

— Menteur!

— Non, c'est là la vérité; vous étiez, ma chère, vous êtes encore si parfaitement gentille, fraîche et coquette, une petite fleur; vos dents ont l'air de perles tombées dans une rose; vos yeux, votre pied...

— Eh bien! dit Javotte, soupirant toujours.

— Eh bien! reprit Tristan, et notre bracelet? »

Javotte se préparait peut-être à répondre de sa voix la plus tendre: « Eh bien! mon ami, allez chez Fossin », lorsqu'elle s'écria tout à coup:

« Prenez garde, vous m'égratignez! »

La carte de visite de la Bretonnière était encore dans la main de Tristan, et le coin du carton corné avait, en effet, touché l'épaule de Mme Rosenval. Au même instant, on frappa doucement à la porte; la tapisserie se souleva et la Bretonnière lui-même entra dans la chambre.

« Pardieu, monsieur, s'écria Tristan, ne pouvant contenir un mouvement de dépit, vous arrivez comme mars en carême.

— Comme Mars en toute saison, dit la Bretonnière, enchanté de son calembour.

— On pourrait voir cela, reprit Tristan.

— Quand il vous plaira, dit la Bretonnière.

— Demain vous aurez de mes nouvelles. »

Tristan se leva, prit Javotte à part:

« Je compte sur vous, n'est-ce pas? lui dit-il à voix basse; dans une heure j'enverrai ici. »

Puis il sortit, sans plus de façon, en répétant encore:

« A demain.

— Que veut dire cela? demanda Javotte.

— Ma foi, je n'en sais rien, » dit la Bretonnière.

CHAPITRE V

ARMAND, comme on le pense bien, avait attendu impatiemment le retour de son frère, afin d'apprendre le résultat de l'entretien avec Javotte. Tristan rentra chez lui tout joyeux.

« Victoire! mon cher, s'écria-t-il; nous avons gagné la bataille, et mieux encore, car nous aurons demain tous les plaisirs du monde à la fois.

— Bah! dit Armand; qu'y a-t-il donc? Tu as un air de gaieté qui fait plaisir à voir.

— Ce n'est pas sans raison ni sans peine. Javotte a hésité; elle a bavardé; elle m'a fait des discours à dormir debout; mais enfin elle cédera, j'en suis certain; je compte sur elle. Ce soir, nous aurons mon bracelet, et, demain, pour nous distraire, nous nous battrons avec la Bretonnière.

— Encore ce pauvre homme! Tu lui en veux donc beaucoup?

— Non, en vérité, je n'ai plus de rancune contre lui. Je l'ai rencontré, je l'ai envoyé promener, je lui donnerai un coup d'épée, et je lui pardonne.

— Où l'as-tu donc vu? Chez ta belle?

— Eh, mon Dieu! oui; ne faut-il pas que ce monsieur-là se fourre partout?

— Et comment la querelle est-elle venue?

— Il n'y a pas eu de querelle; deux mots, te dis-je, une misère; nous en causerons. Commençons maintenant par aller chez Fossin acheter quelque chose pour Javotte, avec qui je suis convenu d'un échange; car on ne donne rien pour rien quand on s'appelle Javotte, et même sans cela.

— Allons, dit Armand, je suis ravi comme moi que tu sois parvenu à ton but et que tu aies de quoi confondre ta marquise. Mais, chemin faisant, mon cher ami, réfléchissons, je t'en prie, sur la seconde partie de ta vengeance projetée. Elle me semble plus qu'étrange.

— Trêve de mots, dit Tristan, c'est un point résolu. Que j'aie tort ou raison, n'importe: nous pouvions ce matin-là discuter là-dessus; à présent le vin est tiré, il faut le boire.

— Je ne me lasserai pas, reprit Armand, de te répéter que je ne conçois pas comment un homme comme toi, un militaire, reconnu pour brave, peut trouver du plaisir à ces duels sans motif, ces affaires d'enfant, ces bravades d'écolier, qui ont peut-être été à la mode, mais dont tout le monde se moque aujourd'hui. Les querelles de parti, les duels de cocarde peuvent se comprendre dans les crises politiques. Il peut sembler plaisant à un républicain de ferrailler avec un royaliste, uniquement parce qu'ils se rencontrent; les passions sont en jeu, et tout peut s'excuser. Mais je ne te conseille pas ici, je te blâme. Si ton projet est sérieux, je n'hésite pas à te dire qu'en pareil cas je refuserais de servir de témoin à mon meilleur ami.

— Je ne te demande pas de m'en servir, mais de te taire; allons chez Fossin.

— Allons où tu voudras, je n'en démordrai pas. Prendre en grippe un homme importun, cela arrive à tout le monde: le fuir ou s'en railler, passe encore; mais vouloir le tuer, c'est horrible.

— Je te dis que je ne le tuerai pas; je te le promets, je m'y engage. Un petit coup d'épée, voilà tout. Je veux mettre en écharpe le bras du cavalier servant de la marquise, en même temps que je lui offrirai humblement, à elle, le bracelet de ma grisette.

— Songe donc que cela est inutile. Si tu te bats pour laver ton honneur, qu'as-tu à faire du bracelet? Si le bracelet suffit, qu'as-tu à faire de cette querelle? M'aimes-tu un peu? Cela ne sera pas?

— Je t'aime beaucoup, mais cela sera. »

En parlant ainsi, les deux frères arrivèrent chez Fossin. Tristan, ne voulant pas que Javotte pût se repentir de son marché choisit pour elle une jolie châtelaine qu'il fit envelopper avec soin, ayant autre chose en tête, en voyant son frère plus joyeux encore à l'idée de revenir promptement avec le bracelet en question, ne lui proposa pas de l'accompagner. Il fut convenu qu'ils se retrouveraient le soir.

Au moment où ils allaient se séparer, la roue d'une calèche découverte, courant avec un assez grand fracas, rasa le trottoir de la rue Richelieu. Une livrée bizarre, qui attirait les yeux, fit retourner les passants. Dans cette voiture était Mme de Vernage, seule, nonchalamment étendue. Elle aperçut les deux jeunes gens, et les salua d'un petit signe de tête, avec une indolence protectrice.

« Ah! dit Tristan, pâlissant malgré lui, il paraît que l'ennemi est venu observer la place. Elle a renoncé à sa fameuse chasse, cette belle dame, pour faire un tour aux Champs-Elysées et respirer la poussière de Paris. Qu'elle aille en paix! elle arrive à point. Je suis vraiment flatté de la voir ici. Si j'étais un fat, je croirais qu'elle veut savoir de mes nouvelles. Mais point du tout; regarde avec quel laisser-aller aristocratique, supérieur même à celui de Javotte, elle a daigné nous remarquer. Gageons qu'elle ne sait pas qu'elle vient faire: ces femmes-là cherchent le danger, comme les papillons la lumière. Que son sommeil de ce soir lui soit léger! Je me présenterai demain à son petit lever, et nous en aurons des nouvelles. Je me fais une véritable fête de vaincre un tel orgueil avec de telles armes. Si elle savait que j'ai là, dans mes mains, un petit cadeau pour une petite fille, moyennant quoi je suis en droit de lui dire: vos belles lèvres en ont menti et vos baisers sentent la calomnie, que dirait-elle? Elle serait peut-être moins superbe, non pas moins belle... Adieu, mon cher, à ce soir. »

Si Armand n'avait pas plus longuement insisté pour dissuader son frère de se battre, ce n'était pas qu'il crût impossible de l'en empêcher; mais il le savait trop violent, surtout dans un moment pareil, pour essayer de le convaincre par la raison; il aimait mieux prendre un autre moyen. La Bretonnière, qu'il connaissait de longue main, lui paraissait avoir un caractère plus calme et plus facile à aborder: il l'avait vu chasser prudemment. Il alla le trouver sur-le-champ, résolu à voir si de ce côté il n'y aurait pas plus de chances de réconciliation. La Bretonnière était seul, dans sa chambre, entouré de liasses de papiers, comme un homme qui met ses affaires en ordre. Armand lui exprima tout le regret qu'il éprouvait de voir qu'un mot (qu'il ignorait du reste, disait-il) pouvait amener deux gens de cœur à aller sur le terrain, et de là en prison.

« Qu'avez-vous donc fait à mon frère? lui demanda-t-il.

— Ma foi, je n'en sais rien, dit la Bretonnière, se levant et s'asseyant tour à tour d'un air un peu embarrassé, tout en conservant sa gravité ordinaire; votre frère, depuis longtemps, me semble mal disposé à mon égard; mais, s'il faut vous parler franchement, je vous avoue que j'ignore absolument pourquoi.

— N'y a-t-il pas entre vous quelque rivalité? Ne faites-vous pas la cour à quelque femme?...

— Non, en vérité, pour ce qui me regarde, je ne fais la cour à personne, et je ne vois aucun motif raisonnable qui ait fait franchir ainsi à votre frère les bornes de la politesse.

— Ne vous êtes-vous jamais disputés ensemble?

— Jamais, une seule fois exceptée, c'était du temps du choléra: M. de Berville, en causant au dessert, soutint qu'une maladie contagieuse était toujours épidémique, et il prétendait baser sur ce faux principe la différence qu'on a établie entre le mot épidémique et le mot endémique. Je ne pouvais, vous le sentez, être de son avis, et je lui démontrai fort bien qu'une maladie épidémique pouvait devenir fort dangereuse sans se communiquer par le contact. Nous mîmes à cette discussion un peu trop de chaleur, j'en conviens...

— Est-ce là tout?

— Autant que je me le rappelle. Peut être cependant a-t-il été blessé, il y a quelque temps, de ce que j'ai cédé à l'un de mes parents deux bassets dont il avait envie. Mais que voulez-vous que j'y fasse? Ce parent vient me voir par hasard; je lui montre mes chiens, il trouve ces bassets...

— Si ce n'est que cela encore, il n'y a pas de quoi s'arracher les yeux.

— Non, à mon sens, je le confesse; aussi vous dis-je, en toute conscience, que je ne comprends exactement rien à la provocation qu'il vient de m'adresser.

— Mais si vous ne faites la cour à personne, il est peut-être amoureux, lui, de cette marquise avec laquelle nous allons chasser.

— Cela se peut, mais je ne le crois pas... Je n'ai point souvenance d'avoir jamais remarqué que la marquise de Vernage pût souffrir ou encourager des assiduités condamnables.

— Qui est-ce qui vous parle de rien de condamnable? Est-ce qu'il y a du mal à être amoureux?

— Je ne discute pas cette question; je me borne à vous dire que je ne suis point, et que je ne saurais, par conséquent, être le rival de personne.

— En ce cas, vous ne vous battrez pas?

— Je vous demande pardon; je suis provoqué de la manière la plus positive. Il m'a dit, lorsque je suis entré, que j'arrivais comme mars en carême. De tels discours ne se tolèrent pas; il me faut une réparation.

— Vous vous couperez la gorge pour un mot?

— Les conjectures sont fort graves. Je n'entre point dans les raisons qui ont amené ce défi; je m'en étonne parce qu'il me semble étrange, mais je ne puis faire autrement que de l'accepter.

— Un duel pareil est-il possible? Vous n'êtes pourtant pas fou, ni Berville non plus. Voyons, la Bretonnière, raisonnons. Croyez-vous que cela m'amuse de vous voir faire une étourderie semblable?

— Je ne suis pas un homme faible, mais je ne suis pas non plus un homme sanguinaire. Si votre frère me propose des excuses, pourvu qu'elles soient bonnes et valables, je suis prêt à les recevoir. Sinon, voici mon testament que je suis en train d'écrire, comme cela se doit.

— Qu'entendez-vous par des excuses valables?

— J'entends... cela se comprend.

— Mais encore?

— De bonnes excuses.

— Mais enfin, à peu près, parlez.

— Eh bien! il m'a dit que j'arrivais comme mars en carême, et je crois lui avoir dignement répondu. Il faut qu'il rétracte ce mot, et qu'il me dise, devant témoins, que j'arrivais tout simplement comme M. de la Bretonnière.

— Je crois que, s'il est raisonnable, il ne peut vous refuser cela.

Armand sortit de cette conférence non pas entièrement satisfait, mais moins inquiet qu'il n'était venu. C'était au boulevard de Gand, entre onze heures et minuit, qu'il avait rendez-vous avec son frère. Il le trouva marchant à grands pas d'un air agité, et il s'apprêtait à négocier son accommodement dans les termes voulus par la Bretonnière, lorsque Tristan lui prit le bras en s'écriant:

— Tout est manqué! Javotte se joue de moi, je n'ai pas mon bracelet.

— Pourquoi?

— Pourquoi? Que sais-je? une idée d'hirondelle. Je suis allée chez elle tout droit; on me répond qu'elle est sortie. Je m'assure qu'en effet elle n'y est pas, et je demande si elle n'a rien laissé pour moi; la chambrière me regarde avec étonnement. A force de questions, j'apprends que Mme Rosenval a dîné avec son baron à lunettes, et une autre personne, sans doute ce damné la Bretonnière; qu'ils se sont séparés ensuite, la Bretonnière pour rentrer chez lui, Javotte et le baron pour aller au spectacle, non pas dans la salle, mais sur le théâtre, et je ne sais quoi encore d'incompréhensible; le tout mêlé de verbiages de servante: « Madame avait reçu une bonne nouvelle; madame paraissait très contente; elle était pressée, on n'avait pas eu le temps de manger le dessert, on avait même envoyé chercher à la cave du vin de Champagne. » Cependant je tire de ma poche la petite boîte de Fossin, je la remets à la chambrière, en la priant de donner cela ce soir à sa maîtresse, et en confidence. Sans chercher à comprendre ce que je ne peux savoir, je joins à mon cadeau un billet écrit à la hâte. Là-dessus je rentre, je compte les minutes, et la réponse n'arrive pas. Voilà où en sont les choses. Maintenant que cette fille a je ne sais quoi en tête, s'en détournera-t-elle pour m'obliger? Quel vent a soufflé sur cette girouette?

— Mais, dit Armand, le spectacle a fini tard; il lui faut bien, à cette girouette, le temps nécessaire pour lire et répondre, chercher ce bracelet et l'envoyer. Nous le trouverons chez toi, tout à l'heure. Songe donc que Javotte ne peut décemment accepter ton cadeau qu'à titre d'échange. Quant à ton duel, n'y songe plus.

— Eh! mon Dieu! je n'y songe pas; j'y vais..

— Fou que tu es! et notre mère?

Tristan baissa la tête sans répondre, et les deux frères rentrèrent chez eux.

Javotte n'était pourtant pas aussi méchante qu'on pourrait le croire. Elle avait passé la journée dans une perplexité singulière. Ce bracelet redemandé, cette insistance, ce duel projeté, tout cela lui semblait autant de rêveries incompréhensibles; elle cherchait ce qu'elle avait à faire, et sentait que le plus sage était de demeurer indifférente à des événements qui ne la regardaient pas. Mais si Mme Rosenval avait toute la fierté d'une reine de théâtre, Javotte, au fond, avait bon cœur. Berville était jeune et aimable; le nom de cette marquise mêlé à tout cela, ce mystère, ces demi-confidences, plaisaient à l'imagination de la grisette parvenue.

— S'il était vrai qu'il m'aime encore un peu, pensait-elle, et qu'une marquise fût jalouse de moi, y aurait-il grand risque à lui rendre ce bracelet? Ni le baron ni d'autres ne s'en douteraient; je ne le porte jamais; pourquoi ne pas rendre service, si cela ne fait de mal à personne?

Tout en réfléchissant, elle avait ouvert un petit secrétaire dont la clef était suspendue à son cou. Là étaient entassés tous les joyaux de sa couronne, des colliers en strass, clinquant pour la *Tour de Nesle*, des colliers en stras, des émeraudes en pierre qui avaient besoin des quinquets pour briller d'un éclat douteux; du milieu de ce

trésor, elle tira le bracelet de Tristan et considéra attentivement les deux noms gravés sur la plaque :
— Il est joli, ce serpentin, dit-elle ; quelle peut être l'idée de Berville en voulant le reprendre ? Il croit qu'il me sacrifie. Si l'inconnue me connaît, je suis compromise. Ces deux noms à côté l'un de l'autre, ce n'est pas autorisé. Si Berville n'a eu pour moi qu'un caprice, est-ce une raison ?... Bah ! il m'en donnera un autre ; ce sera drôle.

Javotte allait peut-être envoyer le bracelet, lorsqu'un coup de sonnette vint l'interrompre dans ses réflexions. C'était le monsieur aux lunettes d'or.
— Mademoiselle, dit-il, je vous annonce un succès ; vous êtes des chœurs. Ce n'est pas, de prime abord, une affaire extrêmement brillante ; trente sous, vous savez, mais qu'importe ? ce joli pied est dans l'étrier. Dès ce soir, vous porterez un domino dans le bal masqué de *Gustave*.
— Voilà une nouvelle ! s'écria Javotte en sautant de joie. Choriste à l'Opéra ! choriste tout de suite ! j'ai justement repassé mon chant ; je suis en voix ; ce soir, *Gustave !*... Ah ! mon Dieu !

Après le premier moment d'ivresse, Mme Rosenval retrouva la gravité qui convient à une cantatrice :
— Baron, dit-elle, vous êtes un homme charmant, il n'y a que vous, et je sens ma vocation ; dînons ; allons à l'Opéra, à la gloire ; rentrons, soupons, allez-vous-en ; je dors sur mes lauriers.

Le convive attendu arriva bientôt. On brusqua le dîner, et Javotte ne manqua pas de vouloir partir beaucoup plus tôt qu'il était nécessaire. Le cœur lui battait en entrant par la porte des acteurs, dans ce vieux, sombre et petit corridor où Taglioni, peut-être, a marché.

Comme le ballet fut applaudi, Mme Rosenval, couverte d'un capuchon rose, crut avoir contribué au succès. Elle rentra chez elle fort émue, et, dans l'ivresse du triomphe, ses pensées étaient à cent lieues de Tristan, lorsque sa femme de chambre lui remit la petite boîte soigneusement enveloppée par Fossin, et un billet où elle trouva ces mots : « Il ne faut pas que les plaisirs vous fassent oublier un ancien ami qui a besoin d'un service. Soyez bonne comme autrefois. J'attends votre réponse avec impatience. »
— Ce pauvre garçon ! dit Mme Rosenval, je l'avais oublié. Il m'envoie une châtelaine ; il y a plusieurs turquoises...

Javotte se mit au lit, et ne dormit guère. Elle songea bien plus à son engagement et à sa brillante destinée qu'à la demande de Tristan. Mais le jour la retrouva dans ses bonnes pensées.
— Allons, dit-elle, il faut s'exécuter. Ma journée d'hier a été heureuse ; il faut que tout le monde soit content.

Il était huit heures du matin quand Javotte prit son bracelet, mit son châle et son chapeau, et sortit de chez elle, pleine de cœur, et presque encore grisette. Arrivée à la maison de Tristan, elle vit, devant la loge du concierge, une grosse femme, les joues couvertes de larmes.
— Monsieur de Berville ? demanda Javotte.
— Hélas ! répondit la grosse femme.
— Y est-il, s'il vous plaît ? Est-ce ici ?
— Hélas ! madame... il s'est battu... on vient de le rapporter... Il est mort !... »

Le lendemain, Javotte chantait pour la seconde fois dans les chœurs de l'Opéra, sous un quatrième nom qu'elle avait choisi : celui de Mme Amaldi.

LA MOUCHE

CHAPITRE PREMIER

EN 1756, lorsque Louis XV, fatigué des querelles entre la magistrature et le grand conseil à propos de l'impôt des deux sous, prit le parti de tenir un lit de justice, les membres du parlement remirent leurs offices. Seize de ces démissions furent acceptées, non qui il y eut autant d'exils. « Mais pourriez-vous, disait Mme de Pompadour à l'un des présidents, pourriez-vous de sang-froid une poignée d'hommes résister à l'autorité d'un roi de France ? N'en auriez-vous pas mauvaise opinion ? Quittez votre manteau, monsieur le président, et vous verrez tout cela comme je le vois. »

Ce ne furent pas seulement les exilés qui portèrent la peine de leur mauvais vouloir, mais aussi leurs parents et leurs amis. Le *décachetage* amusait le roi. Pour se désennuyer de ses plaisirs, il se faisait lire par sa favorite tout ce qu'on trouvait de curieux à la poste. Bien entendu que, sous le prétexte de faire lui-même sa police secrète, il se divertissait de mille intrigues qui lui passaient ainsi sous les yeux ; mais quiconque, de près ou de loin, tenait aux chefs des factions, était presque toujours perdu. On sait que Louis XV, avec toutes sortes de faiblesses, n'avait qu'une seule force, celle d'être inexorable.

Un soir qu'il était devant le feu, les pieds sur le manteau de la cheminée, mélancolique à son ordinaire, la marquise, parcourant un paquet de lettres, haussait les épaules en riant. Le roi demanda ce qu'il y avait.

« C'est que je trouve là, répondit-elle, une lettre qui n'a pas le sens commun, mais c'est une chose touchante et qui fait pitié.
— Qu'y a-t-il au bas ? dit le roi.

— Point de nom : c'est une lettre d'amour.
— Et qu'y a-t-il dessus ?
— Voilà le plaisant. C'est qu'elle est adressée à Mlle d'Annebault, la nièce de ma bonne amie, Mme d'Estrades. C'est apparemment pour que je la voie qu'on la fourrée avec ces papiers.
— Et qu'y a-t-il dedans ? dit encore le roi.
— Mais, je vous le dis, c'est de l'amour. Il y est question aussi de Vauvert et de Neauflette. Est-on un gentilhomme dans ces pays-là ? Votre Majesté les connaît-elle ? »

Le roi se piquait de savoir la France par cœur, c'est-à-dire la noblesse de sa cour, qu'il avait étudiée, ne lui était pas plus familière que les blasons de son royaume ; science assez courte, le reste ne comptant pas ; mais il y mettait de la vanité, et la hiérarchie était devant ses yeux, comme l'escalier de marbre de son palais ; il y voulait marcher en maître. Après avoir rêvé quelques instants, il fronça le sourcil comme frappé d'un mauvais souvenir ; puis, faisant signe à la marquise de lire, il se rejeta dans sa bergère, en disant avec un sourire :

« Va toujours, la fille est jolie. »

Mme de Pompadour, prenant alors son ton le plus doucement railleur, commença à lire une longue lettre toute remplie de tirades amoureuses :

« Voyez un peu, disait l'écrivain, comme les destins me persécutent ! Tout semblait disposé à remplir mes vœux, et vous-même, ma tendre amie, ne m'aviez-vous pas fait espérer le bonheur ? Il faut pourtant que j'y renonce, et cela pour une faute que je n'ai pas commise. N'est-ce pas un excès de cruauté de m'avoir permis d'entrevoir les cieux, pour me précipiter dans l'abîme? Lorsqu'un infortuné est dévoué à la mort, se fait-on un barbare plaisir de laisser devant ses regards tout ce qui doit faire aimer et regretter la vie? Tel est pourtant mon sort; je n'ai plus d'autre asile, d'autre espérance que le tombeau, car, dès l'instant que je suis malheureux, je ne dois plus songer à votre main. Quand la fortune me souriait, tout mon espoir était que vous fussiez à moi; pauvre aujourd'hui, je me ferais horreur si j'osais encore y songer, et, du moment que je ne puis vous rendre heureuse, tout en mourant d'amour, je vous défends de m'aimer... »

La marquise souriait à ces derniers mots.

« Madame, dit le roi, voilà un honnête homme. Mais qu'est-ce qui l'empêche d'épouser sa maîtresse?

— Permettez, sire, que je continue:

« Cette injustice qui m'accable, me surprend de la part du meilleur des rois. Vous savez que mon père demandait pour moi une place de cornette ou d'enseigne aux gardes, et que cette place décidait de ma vie, puisqu'elle me donnait le droit de m'unir à vous. Le duc de Biron m'avait proposé; mais le roi m'a rejeté d'une façon dont le souvenir m'est bien amer, car si mon père, à sa manière de voir (je veux que ce soit une faute), dois-je toutefois en être puni? Mon dévouement au roi est aussi véritable, aussi sincère que mon amour pour vous. On verrait clairement l'un et l'autre, si je pouvais tirer l'épée. Il est désespérant qu'on refuse ma demande; mais que ce soit sans raison valable qu'on m'enveloppe dans une pareille disgrâce, c'est ce qui est opposé à la bonté bien connue de Sa Majesté... »

— Oui-da, dit le roi, ceci m'intéresse.

« Si vous saviez combien nous sommes tristes! Ah! mon amie, cette lettre de Neauflette, ce pavillon de Vauvert, ces bosquets, n'y promène seul tout le jour. J'ai défendu de rabuisser. L'odieux jardinier est venu hier avec un manche à balai ferré. Il allait toucher le sable... La trace de vos pieds, plus légère que le vent, n'était pourtant pas effacée. Le bout de vos petits pieds et vos grands talons blancs étaient encore marqués dans l'allée; ils semblaient marcher devant moi, tandis que je suivais votre belle image; et un charmant fantôme s'animait par instants, comme s'il se fût posé sur l'empreinte fugitive. C'est là, c'est en causant le long du parterre qu'il m'a été donné de vous connaître, de vous apprécier. Une éducation admirable dans l'esprit d'un ange, la dignité d'une reine avec la grâce des nymphes, des pensées dignes de Leibnitz avec un langage si simple, l'abeille de Platon sur les lèvres de Diane, tout cela m'ensevelissait sous le voile de l'adoration. Et pendant ce temps-là ces fleurs bien-aimées s'épanouissaient autour de nous. Je les ai respirées en vous écoutant: dans leur parfum vivait votre souvenir. Elles courbent à présent la tête; elles me montrent la mort... »

« — C'est du mauvais Jean-Jacques, dit le roi. Pourquoi me lisez-vous cela?

— Parce que Votre Majesté me l'a ordonné pour les beaux yeux de Mlle d'Annebault.

— Cela est vrai, elle a de beaux yeux. »

« Et quand je rentre de ces promenades, je trouve mon père seul, dans le grand salon, accoudé auprès d'une chandelle, au milieu de ces dorures fanées qui couvrent nos lambris vermoulus. Il ne veut venir avec peine... mon chagrin dérange le sien... Athénaïs! au fond de ce salon, près de la fenêtre, est le clavecin où voltigeaient vos doigts délicieux, qu'une seule fois ma bouche a touchés, pendant que la vôtre s'ouvrait doucement aux accords de la plus suave musique..., si bien que vos chants n'étaient qu'un sourire. Qu'ils sont heureux, ce Rameau, ce Lulli, ce Duni, que sais-je? et bien d'autres! Oui, oui, vous les aimez, ils sont dans votre mémoire; leur souffle a passé sur vos lèvres. Je m'assieds aussi à ce clavecin, j'essaye d'y jouer un de ces airs qui vous plaisent; qu'ils me semblent froids, monotones! Je les répète et les écoute mourir, tandis que l'écho s'en perd sous cette voûte lugubre. Mon père se retourne et me voit désolé; qu'y peut-il faire? Un propos de ruelle, d'antichambre, a fermé ces grilles. Il me voit jeune, ardent, plein de vie, ne demandant qu'à être au monde; il est mon père et n'y peut rien. »

« — Ne dirait-on pas, dit le roi, que ce garçon s'en allait à la chasse, et qu'on lui tue son faucon sur le poing? A qui en a-t-il, par hasard? »

« Il est bien vrai, reprit la marquise, continuant la lecture d'un ton plus bas, il est bien vrai que nous sommes proches voisins et parents éloignés de l'abbé Chauvelin... »

« — Voilà donc ce que c'est! dit Louis XV en baillant. Encore quelque neveu des enquêtes et requêtes. Mon parlement abuse de ma bonté; il a vraiment trop de famille.

— Mais si ce n'est qu'un parent éloigné!...

— Bon, ce monde-là ne vaut rien du tout. Cet abbé Chauvelin est un janséniste; c'est un bon diable, mais c'est un démis. Jetez cette lettre au feu, et qu'on ne m'en parle plus! »

CHAPITRE II

Les derniers mots prononcés par le roi n'étaient pas tout à fait un arrêt de mort, mais c'était une défense de vivre. Que pouvait faire, en 1756, un jeune homme sans fortune, dont le roi ne voulait pas entendre parler? Tâcher d'être commis, ou se faire philosophe poète peut-être, mais sans dédicace; et le métier, en ce cas, ne valait rien.

Tel n'était pas, à beaucoup près, la vocation du chevalier de Vauvert, qui venait d'écrire avec des larmes la lettre dont le roi se moquait. Pendant ce temps-là, seul, avec son père, au fond du vieux château de Neauflette, il marchait par la chambre d'un air triste et furieux.

« Je veux aller à Versailles, disait-il.
— Et qu'y ferez-vous?
— Je n'en sais rien; mais que fais-je ici?
— Vous me tenez compagnie; il est bien certain que cela ne peut pas être amusant pour vous, et je ne vous retiens en aucune façon. Mais oubliez-vous que votre mère est morte?
— Non, monsieur, et je lui ai promis de vous consacrer la vie que vous m'avez donnée. Je reviendrai, mais je veux partir; je ne saurais plus rester dans ces lieux.
— D'où vient cela?
— D'un amour extrême. J'aime éperdument Mlle d'Annebault.
— Vous savez que c'est inutile. Il n'y a que Molière qui fasse des mariages sans dot. Oubliez-vous aussi ma disgrâce?
— Eh! monsieur, votre disgrâce, me serait-il permis, sans m'écarter du plus profond respect, de vous demander ce qui l'a causée? Nous ne sommes pas du parlement. Nous payons l'impôt, nous ne le refusons pas. Si le parlement lésine sur les deniers du roi, c'est son affaire et non la nôtre. Pourquoi M. l'abbé Chauvelin nous entraîne-t-il dans sa ruine.
— M. l'abbé Chauvelin agit en honnête homme. Il refuse d'approuver le dixième, parce qu'il est révolté des dilapidations de la cour. Rien de pareil n'aurait eu lieu du temps de Mme de Châteauroux. Elle était belle, au moins, celle-là, et elle ne coûtait presque rien, pas même ce qu'elle donnait si généreusement. Elle était maîtresse et souveraine, et elle se disait satisfaite si le roi ne l'envoyait pas pourrir dans un cachot lorsqu'il lui retirerait ses bonnes grâces. Mais cette Etioles, cette Le Normand, cette Poisson insatiable!
— Et qu'importe?
— Qu'importe! dites-vous? Plus que vous ne pensez. Savez-vous seulement que, à présent, tandis que le roi nous gruge, la fortune de sa grisette est incalculable? Elle s'était fait donner au début cent quatre-vingt mille livres de rente, mais ce n'était qu'une bagatelle, cela ne compte plus maintenant; on ne saurait se faire une idée des sommes effrayantes que le roi lui jette à la tête; il ne se passe pas trois mois de l'année où elle n'attrape au vol, comme par hasard, cinq ou six cent mille livres, hier sur les sels, aujourd'hui sur les augmentations du trésorier des écuries; avec les logements qu'elle a dans toutes les maisons royales, elle achète La Selle, Cressy, Aulnay, Brimborion, Marigny, Saint-Rémi, Bellevue et tant d'autres terres, des hôtels à Paris, à Fontainebleau, à Versailles, à Compiègne, sans compter une fortune secrète placée en tous pays dans toutes les banques d'Eu-

rope, en cas de disgrâce probablement, ou de mort du souverain. Et qui paye tout cela, s'il vous plaît?
— Je l'ignore, monsieur, mais ce n'est pas moi.
— C'est vous, comme tout le monde, c'est la France, c'est le peuple qui sue sang et eau, qui crie dans la rue, qui insulte la statue de Pigalle. Et le parlement ne veut plus de cela; il ne veut plus de nouveaux impôts. Lorsqu'il s'agissait des frais de guerre, notre dernier écu était prêt; nous ne songions pas à marchander. Le roi victorieux a pu voir clairement qu'il était aimé par tout le royaume, plus clairement encore lorsqu'il faillit mourir. Alors cessa toute dissidence, toute faction, toute rancune; la France entière se mit à genoux devant le lit du roi, et pria pour lui. Mais si nous payons, sans compter, ses soldats ou ses médecins, nous ne voulons plus payer ses maîtresses, et nous avons autre chose à faire que d'entretenir Mme de Pompadour.
— Je ne la défends pas, monsieur. Je ne saurais lui donner ni tort ni raison; je ne l'ai jamais vue.
— Sans doute; et vous ne seriez pas fâché de la voir, n'est-il pas vrai, pour avoir là-dessus quelque opinion? Car, à votre âge, la tête juge par les yeux. Essayez donc, si bon vous semble, mais ce plaisir-là vous sera refusé.
— Pourquoi, monsieur?
— Parce que c'est une folie; parce que cette marquise est aussi invisible dans ses petits boudoirs de Brimborion que le Grand Turc dans son sérail; parce qu'on vous fermera toutes les portes au nez. Que voulez-vous faire? Tenter l'impossible? Chercher fortune comme un aventurier?
— Non pas, mais comme un amoureux. Je ne prétends point solliciter, monsieur, mais réclamer contre une injustice. J'avais une espérance fondée, presque une promesse de M. de Biron; j'étais à la veille de posséder ce que j'aime, et cet amour n'est point déraisonnable; vous ne l'avez pas désapprouvé. Souffrez donc que je tente de plaider ma cause. Aurai-je affaire au roi ou à Mme de Pompadour? Je l'ignore, mais je veux partir.
— Vous ne savez pas ce que c'est que la cour, et vous voulez vous y présenter!
— Eh! j'y serai peut-être reçu plus aisément par cette raison que j'y suis inconnu.
— Vous, inconnu, chevalier! Y pensez-vous? Avec un nom comme le vôtre!... Nous sommes vieux gentilshommes, monsieur, et vous ne sauriez être inconnu.
— Eh bien donc! le roi m'écoutera.
— Il ne voudra seulement pas vous entendre. Vous rêvez Versailles, et vous croirez y être quand votre postillon s'arrêtera... Supposons que vous parveniez jusqu'à l'antichambre, à la galerie, à l'Œil-de-Bœuf: vous ne verrez entre Sa Majesté et vous que le battant d'une porte; il y aura un abîme. Vous vous retournerez, vous chercherez des biais, des protections, vous ne trouverez rien. Nous sommes parents de M. de Chauvelin; et comment croyez-vous que le roi se venge? Par la torture pour Damiens; par l'exil pour le parlement; mais pour nous autres, par un mot, ou, pis encore, par le silence. Savez-vous ce que c'est que le silence du roi, lorsque, avec son regard muet, au lieu de vous répondre, il vous dévisage en passant et vous anéantit? Après la Grève et la Bastille, c'est un certain degré de supplice qui, moins cruel en apparence, marque aussi bien que la main du bourreau. Le condamné, il est vrai, reste libre, mais il ne lui faut plus songer à s'approcher d'une femme, ni d'un courtisan, ni d'un salon, ni d'une abbaye, ni d'une caserne. Devant lui tout se ferme ou se détourne, et il se promène ainsi au hasard dans une prison invisible.
— Je m'y remuerai tant, que j'en sortirai.
— Pas plus qu'un autre. Le fils de M. de Meynières n'était pas plus coupable que vous. Il avait, comme vous, des promesses, les plus légitimes espérances. Son père, le plus dévoué sujet de Sa Majesté, le plus honnête homme du royaume, repoussé par le roi, est allé avec ses cheveux gris, non pas prier, mais essayer de persuader la grisette. Savez-vous ce qu'elle a répondu? Voici ses propres paroles, que M. de Meynières m'envoie dans une lettre: « Le roi est le maître; il ne juge pas à propos de vous marquer son mécontentement personnellement; il se contente de le faire éprouver en privant monsieur votre fils d'un état; vous punir autrement, ce serait commencer une affaire, et il n'en veut pas; il faut respecter ses volontés. Je vous plains cependant, j'entre dans vos peines, j'ai été mère; je sais ce qu'il doit vous en coûter pour laisser votre fils sans état. » Voilà le style de cette créature et vous voulez vous mettre à ses pieds?
— On dit qu'ils sont charmants, monsieur.
— Parbleu! oui. Elle n'est pas jolie, et le roi ne l'aime pas, on le sait. Il cède, il plie devant cette femme. Pour maintenir son étrange pouvoir, il faut bien qu'elle ait autre chose que sa tête de bois.
— On prétend qu'elle a tant d'esprit!
— Et point de cœur; le beau mérite!
— Point de cœur! elle qui sait si bien déclamer les vers de Voltaire, chanter la musique de Rousseau! elle qui joue Alzire et Colette! C'est impossible, je ne le croirai jamais.
— Allez-y voir, puisque vous le voulez. Je conseille et n'ordonne pas, mais vous en serez pour vos frais de voyage. Vous aimez donc beaucoup cette demoiselle d'Annebault?
— Plus que ma vie.
— Allez, monsieur. »

CHAPITRE III

ON dit que les voyages font tort à l'amour, parce qu'ils donnent des distractions; on a dit aussi qu'ils le fortifient, parce qu'ils laissent le temps d'y rêver. Le chevalier était trop jeune pour faire de si savantes distinctions. Las de la voiture, à moitié chemin, il avait pris un bidet de poste, et arrivait ainsi vers cinq heures du soir à l'auberge du Soleil, enseigne passée de mode, du temps de Louis XIV.

Il y avait à Versailles un vieux prêtre qui avait été curé près de Neauflette; le chevalier le connaissait et l'aimait. Ce curé, simple et pauvre, avait un neveu à bénéfices, abbé de cour, qui pouvait être utile. Le chevalier alla donc chez le neveu, lequel, homme d'importance, plongé dans son rabat, reçut fort bien le nouveau venu et ne dédaigna pas d'écouter sa requête.

« Mais parbleu! dit-il, vous venez au mieux. Il y a ce soir opéra à la cour, une espèce de fête, de je ne sais quoi. Je n'y vais pas, parce que je boude la marquise, afin d'obtenir quelque chose; mais voici justement un mot de M. le duc d'Aumont, que je lui avais demandé pour quelqu'un, je ne sais plus qui. Allez là. Vous n'êtes pas encore présenté, il est vrai, mais pour le spectacle cela n'est pas nécessaire. Tâchez de vous trouver sur le passage du roi au petit foyer. Un regard, et votre fortune est faite. »

Le chevalier remercia l'abbé, et, fatigué d'une nuit mal dormie et d'une journée à cheval, il fit, devant un miroir d'auberge, une de ces toilettes nonchalantes qui vont si bien aux amoureux. Une servante peu expérimentée l'accommoda du mieux qu'elle put, et couvrit de poudre son habit pailleté. Il s'achemina ainsi vers le hasard. Il avait vingt ans!

La nuit tombait lorsqu'il arriva au château. Il s'avança timidement vers la grille et demanda son chemin à la sentinelle. On lui montra le grand escalier. Là, il apprit du suisse que l'opéra venait de commencer, et que le roi, c'est-à-dire tout le monde, était dans la salle.

« Si monsieur le marquis veut traverser la cour, ajouta le suisse (à tout hasard, on donnait du marquis), il arrivera au spectacle dans un instant. S'il aime mieux passer par les appartements... »

Le chevalier ne connaissait pas le palais. La curiosité lui fit répondre d'abord qu'il passerait par les appartements; puis, comme un laquais se disposait à le suivre pour le guider, un mouvement de vanité lui fit ajouter qu'il n'avait que faire d'être accompagné. Il s'avança donc seul, non sans quelque émotion.

Versailles resplendissait de lumières. Du rez-de-chaussée jusqu'au faîte, les lustres, les girandoles, les meubles dorés, les marbres étincelaient. Hormis aux appartements de la reine, les deux battants étaient ouverts partout. A mesure que le chevalier marchait, il était frappé d'un étonnement et d'une admiration difficiles à imaginer, car ce qui rendait tout à fait merveilleux le spectacle qui s'offrait à lui, ce n'était pas seulement la beauté, l'éclat de ce spectacle même, c'était la complète solitude où il se trouvait dans cette sorte de désert enchanté.

A se voir seul, en effet, dans une vaste enceinte, que ce soit dans un temple, un cloître ou un château, il y a quelque chose de bizarre et, pour ainsi dire, de mystérieux. Le monument semble peser sur l'homme; les murs le regardent; les échos l'écoutent; le bruit de ses pas trouble un si grand silence, qu'il en ressent une crainte involontaire et n'ose marcher qu'avec respect.

Ainsi d'abord fit le chevalier; mais bientôt la curiosité prit le dessus et l'entraîna. Les candélabres de la galerie des glaces, en se mirant, se renvoyaient leurs feux. On sait combien de milliers d'amours, de nymphes et de bergères se jouaient alors sur les lambris, voltigeaient aux plafonds, et semblaient enlacer d'une immense guirlande le palais tout entier. Ici de vastes salles, avec des baldaquins en velours semé d'or, et des fauteuils de parade conservant encore la roideur majestueuse du grand roi; là des ottomanes chiffonnées, des pliants en désordre autour d'une table de jeu; une suite infinie de salons toujours vides, où la magnificence éclatait d'autant mieux qu'elle semblait plus inutile; de temps en temps des portes secrètes s'ouvrant sur des corridors à perte de vue; mille escaliers, mille passages se croisant comme dans un labyrinthe, des colonnes, des estrades faites pour des géants; des boudoirs enchevêtrés comme des cachettes d'enfants; une énorme toile de Vanloo près d'une cheminée de porphyre; une boîte à mouches oubliée à côté d'un magot de la Chine; tantôt une grandeur écrasante, tantôt une grâce efféminée; et partout, au milieu du luxe, de la prodigalité et de la mollesse, mille odeurs enivrantes, étranges et diverses, les parfums mêlés des fleurs et des femmes, une tiédeur énervante, l'air de la volupté.

Etre en pareil lieu à vingt ans, au milieu de ces merveilles, et s'y trouver seul, il y avait à coup sûr de quoi être ébloui. Le chevalier avançait au hasard, comme dans un rêve.

« Vrai palais de fées! » murmurait-il; et, en effet, il lui semblait voir se réaliser pour lui un de ces contes où les princes égarés découvrent des châteaux magiques.

Etaient-ce bien des créatures mortelles qui habitaient ce séjour sans pareil? Etaient-ce des femmes véritables qui venaient de s'asseoir dans ces fauteuils, et dont les contours gracieux avaient laissé à ces coussins cette empreinte légère, pleine encore d'indolence? Qui sait? Derrière ces rideaux épais, au fond de quelque immense et brillante galerie, peut-être allait-il apparaître une princesse endormie depuis cent ans, une fée en paniers, une Armide en paillettes, ou quelque hamadryade de cour, sortant d'une colonne de marbre, entr'ouvrant un lambris doré!

Etourdi, malgré lui, par toutes ces chimères, le chevalier, pour mieux rêver, s'était jeté sur un sofa, et il s'y serait peut-être oublié longtemps s'il ne s'était souvenu qu'il était amoureux. Que faisait, pendant ce temps-là, Mlle d'Annebault, sa bien-aimée, restée, elle, dans un vieux château.

« Athénaïs! s'écria-t-il tout à coup, que fais-je ici à perdre mon temps? Ma raison est-elle égarée? Où suis-je donc, grand Dieu! et que se passe-t-il en moi? »

Il se leva et continua son chemin à travers ce pays nouveau, et il s'y perdit, cela va sans dire. Deux ou trois laquais, parlant à voix basse, lui apparurent au fond de la galerie. Il s'avança vers eux et leur demanda sa route pour aller à la comédie.

« Si monsieur le marquis, lui répondit-on (toujours d'après la même formule), veut bien prendre la peine de descendre par cet escalier et de suivre la galerie à droite, il y trouvera trois marches à monter; il tournera alors à gauche, et quand il aura traversé le salon de Diane, celui d'Apollon, celui des Muses et celui du Printemps, il redescendra encore six marches, puis, laissant à droite la salle des gardes, comme pour gagner l'escalier des ministres, il ne peut manquer de rencontrer là d'autres huissiers qui lui indiqueront le chemin.

— Bien obligé, dit le chevalier, et, avec de si bons renseignements, ce sera bien ma faute si je ne m'y retrouve pas. »

Il se remit en marche avec courage, s'arrêtant toujours malgré lui pour regarder de côté et d'autre, puis se rappelant de nouveau ses amours; enfin, au bout d'un grand quart d'heure, ainsi qu'on le lui avait annoncé, il trouva de nouveaux laquais.

« Monsieur le marquis s'est trompé, lui dirent ceux-ci, c'est par l'autre aile du château qu'il aurait fallu prendre; mais rien n'est plus facile que de la regagner. Monsieur n'a qu'à descendre cet escalier, puis il traversera le salon des Nymphes, celui de l'Eté, celui de...

— Je vous remercie, » dit le chevalier.

« Et je suis bien sot, pensa-t-il encore, d'interroger ainsi les gens comme un badaud. Je me déshonore en pure perte, et quand, par impossible, ils ne se moqueraient pas de moi, à quoi me sert leur nomenclature, et tous les sobriquets pompeux de ces salons dont je ne connais pas un? »

Il prit le parti d'aller droit devant lui, autant que faire se pourrait. « Car, après tout, se disait-il, ce palais est fort beau, il est très grand, mais il n'est pas sans bornes, et, fût-il long comme trois fois notre garenne, il faudra bien que j'en voie la fin. »

Mais il n'est pas facile, à Versailles, d'aller longtemps droit devant soi, et cette comparaison rustique de la royale demeure avec une garenne déplut peut-être aux nymphes de l'endroit, car elles recommencèrent de plus belle à égarer le pauvre amoureux, et, sans doute pour le punir, elles prirent plaisir à le faire tourner et retourner sur ses propres pas, le ramenant sans cesse à la même place, justement comme un campagnard fourvoyé dans une charmille; c'est ainsi qu'elle l'enveloppaient dans leur dédale de marbre et d'or.

Dans les *Antiquités de Rome*, de Piranesi, il y a une série de gravures que l'artiste appelle « ses rêves », et qui sont un souvenir de ses propres visions durant le délire de la fièvre. Ces gravures représentent de vastes salles gothiques: sur le pavé sont toutes sortes d'engins, de machines, roues, câbles, poulies, leviers, catapultes, etc..., etc..., expressions d'énorme puissance mise en action et de résistance formidable. Le long des murs vous apercevez un escalier, et sur cet escalier, grimpant, non sans peine, Piranesi lui-même. Suivez les marches un peu plus haut, elles s'arrêtèrent tout à coup devant un abîme. Quoi qu'il soit advenu du pauvre Piranesi, vous le croyez du moins au bout de son travail, car il ne peut faire un pas de plus sans tomber; mais levez les yeux, et vous voyez un second escalier qui s'élève en l'air, et sur cet escalier encore Piranesi sur le bord d'un autre précipice. Regardez encore plus haut, et un escalier encore plus aérien se dresse devant vous, et encore le pauvre Piranesi continuant son ascension, et ainsi de suite, jusqu'à ce que l'éternel escalier et Piranesi disparaissent ensemble dans les nues, c'est-à-dire dans le bord de la gravure.

Cette fiévreuse allégorie représente assez exactement l'ennui d'une peine inutile et l'espèce de vertige que donne l'impatience. Le chevalier, voyageant toujours de salon en salon et de galerie en galerie, fut pris d'une sorte de colère.

« Parbleu! dit-il, voilà qui est cruel. Après avoir été si charmé, si ravi, si enthousiasmé de me trouver seul dans ce maudit palais (ce n'était plus le palais des fées), je n'en pourrai donc pas sortir! Peste soit de la fatuité qui m'a inspiré cette idée d'entrer ici comme le prince Fanfarinet avec ses bottes d'or massif, au lieu de dire au premier laquais venu de me conduire tout bonnement à la salle du spectacle! »

Lorsqu'il ressentait ces regrets tardifs, le chevalier était, comme Piranesi, à la moitié d'un escalier, sur un palier, entre trois portes. Derrière celle du milieu, il lui sembla entendre un murmure très doux, si léger, si voluptueux, pour ainsi dire, qu'il ne put s'empêcher d'écouter. Au moment où il s'avançait, tremblant de prêter une oreille indiscrète, cette porte s'ouvrit à deux battants. Une bouffée d'air embaumé de mille parfums, un torrent de lumière à faire pâlir la galerie des glaces, vinrent le frapper si soudainement qu'il recula de quelques pas.

« Monsieur le marquis veut-il entrer? demanda l'huissier qui avait ouvert la porte.

— Je voudrais aller à la comédie, répondit le chevalier.

— Elle vient de finir à l'instant même. »

En même temps de fort belles dames, délicatement plâtrées de blanc et de carmin, donnant, non pas le bras, ni même la main, mais le bout des doigts à de vieux et jeunes seigneurs, commençaient à sortir de la salle de spectacle, ayant grand soin de marcher de profil pour ne pas gâter leurs paniers. Tout ce monde brillant parlait à voix basse, avec une demi-gaieté, mêlée de crainte et de respect.

« Qu'est-ce donc? fit le chevalier, ne devinant pas que le hasard l'avait conduit précisément au petit foyer.

— Le roi va passer, » répondit l'huissier.

Il y a une sorte d'intrépidité qui ne doute de rien, elle n'est que trop facile: c'est le courage des gens mal élevés. Notre jeune provincial, bien qu'il fût raisonnablement brave, ne possédait pas cette faculté. A ces seuls mots: « Le roi va passer, » il resta immobile et presque effrayé.

Le roi Louis XV, qui faisait à cheval, à la chasse, une douzaine de lieues sans y prendre garde, était, comme l'on sait, souverainement nonchalant. Il se vantait, non sans raison, d'être le premier gentilhomme de France, et ses maîtresses lui disaient, non sans cause, qu'il en était le mieux fait et le plus beau. C'était une chose considérable que de le voir quitter son fauteuil et daigner marcher en personne. Lorsqu'il traversa le foyer, avec un bras posé ou plutôt étendu sur l'épaule de M. d'Argenson, pendant que son talon rouge glissait sur le parquet (il avait mis cette paresse à la mode), toutes les chuchoteries cessèrent; les courtisans baissaient la tête, n'osant pas saluer tout à fait, et les belles dames, se repliant doucement sur leurs jarretières couleur de feu, au fond de leurs immenses fabalas, hasardaient ce bonsoir coquet que nos grand'mères appelaient une révérence, et que notre siècle a remplacé par le brutal « shakehands » des Anglais.

Mais le roi ne se souciait de rien et ne voyait que ce qui lui plaisait. Alfieri était peut-être là, qui raconte ainsi sa présentation à Versailles, dans ses Mémoires:

« Je savais que le roi ne parlait jamais aux étrangers qui n'étaient pas marquants; je ne puis cependant me faire à l'impassible et sourcilleux maintien de Louis XV. Il toisait l'homme qu'on lui présentait de la tête aux pieds, et il avait l'air de n'en recevoir aucune impression. Il me semble cependant que, si l'on disait à un géant: Voici une fourmi que je vous présente, en la regardant il sourirait, ou dirait peut-être: « Ah! le petit animal! »

Le taciturne monarque passa donc à travers ces fleurs, ces belles dames, et toute cette cour, gardant sa solitude au milieu de la foule. Il ne fallut pas au chevalier de longues réflexions pour comprendre qu'il n'avait rien à espérer du roi, et que le récit de ses amours n'obtiendrait là aucun succès.

« Malheureux que je suis! pensa-t-il, mon père n'avait que trop raison lorsqu'il me disait qu'à deux pas du roi je verrais un abîme entre lui et moi. Quand bien même je me hasarderais à demander une audience, qui me protégera? Qui me présentera? Le voilà, ce maître absolu qui peut d'un mot changer ma destinée, assurer ma fortune, combler tous mes souhaits. Il est là, devant moi; en étendant la main, je pourrais toucher sa parure..., et je me sens plus loin de lui que si j'étais encore au fond de ma province! Comment lui parler? Comment l'aborder? Qui viendra à mon secours? »

Pendant que le chevalier se désolait ainsi, il vit entrer une jeune dame assez jolie, d'un air plein de grâce et de finesse; elle était vêtue fort simplement, d'une robe blanche, sans diamants ni broderies, avec une rose sur l'oreille. Elle donnait la main à un seigneur *tout à l'ambre*, comme dit Voltaire, et lui parlait tout bas derrière son éventail. Or le hasard voulut qu'en causant, en riant et en gesticulant, cet éventail vint à lui échapper et à tomber sur un fauteuil, précisément devant le chevalier. Il se précipita aussitôt pour le ramasser, et, comme, pour cela, il avait mis un genou en terre, la jeune dame lui parut si charmante qu'il lui présenta l'éventail sans se lever. Elle s'arrêta, sourit, et passa, remerciant d'un léger signe de tête; mais, au regard qu'elle avait jeté sur le chevalier, il sentit battre son cœur sans savoir pourquoi. — Il avait raison. Cette jeune dame était la petite d'Etioles, comme l'appelaient encore les mécontents, tandis que les autres, en parlant d'elle, disaient « la Marquise » comme on dit « la Reine. »

———o———

CHAPITRE IV.

CELLE-LA me protégera, celle-là viendra à mon secours! Ah! que l'abbé avait raison de me dire qu'un regard déciderait de ma vie! Oui, ces yeux si fins et si doux, cette petite bouche railleuse et délicieuse, ce petit pied noyé dans un pompon... Voilà ma bonne fée! »

Ainsi pensait presque tout haut le chevalier rentrant à son auberge. D'où lui venait cette espérance subite? Sa jeunesse seule parlait-elle, ou les yeux de la marquise avaient-ils parlé?

Mais la difficulté restait toujours la même. S'il ne songeait plus maintenant à être présenté au roi, qui le présenterait à la marquise?

Il passa une grande partie de la nuit à écrire à Mlle d'Annebault une lettre à peu près pareille à celle qu'avait lue Mme de Pompadour.

Retracer cette lettre serait fort inutile. Hormis les sots, il n'y a que les amoureux qui se trouvent toujours nouveaux, en répétant la même chose.

Dès le matin le chevalier sortit et se mit à marcher, en rêvant, dans les rues. Il ne lui vint pas à l'esprit d'avoir encore recours à l'abbé protecteur, et il ne serait pas aisé de dire la raison qui l'en empêchait. C'était comme un mélange de crainte et d'audace, de fausse honte et de romanesque. Et, en effet, que lui aurait répondu l'abbé, s'il lui avait conté l'histoire de la veille? « Vous vous êtes trouvé à propos pour ramasser son éventail; avez-vous su en profiter? Qu'avez-vous dit à la marquise? — Rien. — Vous auriez dû lui parler. — J'étais troublé, j'avais perdu la tête. — Cela est un tort; il faut savoir saisir l'occasion; mais cela peut se réparer. Voulez-vous que je vous présente à monsieur un tel? il est de mes amis, à madame une telle? elle est mieux encore. Nous tâcherons de vous faire parvenir jusqu'à cette marquise qui vous a fait peur, et cette fois, etc., etc. »

Or le chevalier ne se souciait de rien de pareil. Il lui semblait qu'en racontant son aventure il l'aurait, pour ainsi dire, gâtée et déflorée. Et, se disait que le hasard avait fait pour lui une chose inouïe, incroyable, et que ce devait être un secret entre lui et la fortune; confier ce secret au premier venu, c'était, à son avis, en ôter tout le prix et s'en montrer indigne. « Je suis allé seul hier au château de Versailles, pensait-il; j'irai bien seul à Trianon » (c'était en ce moment le séjour de la favorite).

Une telle façon de penser peut et doit même paraître extravagante aux esprits calculateurs, qui ne négligent rien et laissent le moins possible au hasard; mais les jeunes gens les plus froids, s'ils ont été jeunes (tout le monde ne l'est pas, même au temps de la jeunesse), ont pu connaître ce sentiment bizarre, faible et hardi, dangereux et séduisant, qui nous entraîne vers la destinée: on se sent aveugle, et on veut l'être; on ne sait où l'on va, et l'on marche. Le charme est dans cette insouciance et dans cette ignorance même; c'est le plaisir de l'artiste qui rêve, de l'amoureux qui passe la nuit sous les fenêtres de sa maîtresse; c'est aussi l'instinct du soldat; c'est surtout celui du joueur.

Le chevalier, presque sans le savoir, avait donc pris le chemin de Trianon. Sans être fort paré, comme on disait alors, il ne manquait ni d'élégance, ni de cette façon d'être qui fait qu'un laquais vous rencontrant en route, ne vous demande pas où vous allez. Il ne lui fut donc pas difficile, grâce à quelques indications prises à son auberge, d'arriver jusqu'à la grille du château; si l'on peut appeler ainsi cette bonbonnière de marbre qui vit jadis tant de plaisirs et d'ennuis. Malheureusement la grille était fermée, et un gros suisse, vêtu d'une simple houppelande, se promenait, les mains derrière le dos, dans l'avenue intérieure, comme quelqu'un qui n'attend personne.

« Le roi est ici! se dit le chevalier, ou la marquise n'y est pas. Evidemment, quand les portes sont closes et que les valets se promènent, les maîtres sont enfermés ou sortis. »

Que faire? Autant il se sentait, un instant auparavant, de confiance et de courage, autant il éprouvait tout à coup de trouble et de désappointement. Cette seule pensée: « Le roi est ici! » l'effrayait plus que n'avaient fait la veille ces trois mots: « Le roi va passer! » car ce n'était alors que l'imprévu, et maintenant il connaissait ce froid regard, cette majesté impassible.

« Ah, bon Dieu! quel visage ferais-je si j'essayais, en étourdi, de pénétrer dans ce jardin, et si j'allais me trouver face à face devant ce monarque superbe, prenant son café au bord d'un ruisseau? »

Aussitôt se dessina devant le pauvre amoureux la silhouette désobligeante de la Bastille, au lieu de l'image charmante qu'il avait gardée de cette marquise passant en souriant, il vit des donjons, des cachots, du pain noir, l'eau de la question; il savait l'histoire de Latude. Peu à peu venait la réflexion, et peu à peu s'envolait l'espérance.

« Et cependant, se dit-il encore, je ne fais point de mal, ni le roi non plus. Je réclame contre une injustice; je n'ai jamais chansonné personne. On m'a si bien reçu hier à Versailles, et les laquais ont été si polis! De quoi ai-je peur? De faire une sottise? J'en ferai d'autres qui répareront celle-là. »

Il s'approcha de la grille et la toucha du doigt; elle n'était point tout à fait fermée. Il l'ouvrit et entra résolument. Le suisse se détourna d'un air ennuyé.

« Que demandez-vous? Où allez-vous?
— Je vais chez Mme de Pompadour.
— Avez-vous une audience?
— Oui.
— Où est votre lettre? »

Ce n'était plus le marquisat de la veille, et, cette fois, il n'y avait plus le duc d'Aumont. Le chevalier baissa tristement les yeux, et s'aperçut que ses bas blancs et ses boucles de cailloux du Rhin étaient couverts de poussière. Il avait commis la faute de venir à pied dans un pays où l'on ne marchait pas. Le suisse baissa les yeux aussi, et le toisa, non de la tête aux pieds, mais des pieds à la tête. L'habit lui parut propre, mais le chapeau était un peu de travers et la coiffure dépoudrée.

« Vous n'avez point de lettre. Que voulez-vous?
— Je voudrais parler à Mme de Pompadour.
— Vraiment! et vous croyez que ça se fait comme ça?
— Je n'en sais rien. Le roi est-il ici?
— Peut-être. Sortez, et laissez-moi en repos. »

Le chevalier ne voulait pas se mettre en colère; mais, malgré lui, cette insolence le fit pâlir.

« J'ai dit quelquefois à un laquais de sortir, répondit-il, mais un laquais ne me l'a jamais dit.
— Laquais! Moi? un laquais! s'écria le suisse furieux.
— Laquais, portier, valet et valetaille, je ne m'en soucie point, et très peu m'importe. »

Le suisse fit un pas vers le chevalier, les poings crispés et le visage en feu. Le chevalier, rendu à lui-même par l'apparence d'une menace, souleva légèrement la poignée de son épée.

« Prenez garde, dit-il, je suis gentilhomme, et il coûte trente-six livres pour envoyer en terre un rustre comme vous.
— Si vous êtes gentilhomme, monsieur, moi j'appartiens au roi; je ne fais que mon devoir, et ne croyez pas... »

En ce moment, le bruit d'une fanfare, qui semblait venir du bois de Satory, se fit entendre au loin et se perdit dans l'écho. Le chevalier laissa son épée retomber dans le fourreau, et ne songeant plus à la querelle commencée:

« Eh, morbleu! dit-il, c'est le roi qui part pour la chasse. Que ne me disiez-vous tout de suite?
— Cela ne me regarde pas, ni vous non plus.
— Écoutez-moi, mon cher ami. Le roi n'est pas là, je n'ai pas de lettre, je n'ai pas d'audience. Voici pour boire, laissez-moi entrer. »

Il tira de sa poche quelques pièces d'or. Le suisse le toisa de nouveau avec un souverain mépris.

« Qu'est-ce que c'est que ça? dit-il dédaigneusement. Cherche-t-on ainsi à s'introduire dans une demeure royale? Au lieu de vous faire sortir, prenez garde que je ne vous enferme.
— Toi, double maraud! dit le chevalier, retrouvant sa colère et reprenant son épée.
— Oui, moi, » répéta le gros homme.

Mais, pendant cette conversation, où l'historien regrette d'avoir compromis son héros, d'épais nuages avaient obscurci le ciel; un orage se préparait. Un éclair rapide brilla, suivi d'un violent coup de tonnerre, et la pluie commençait à tomber lourdement. Le chevalier, qui tenait encore son or, vit une goutte d'eau sur son soulier poudreux, grande comme un petit écu.

« Peste! dit-il, mettons-nous à l'abri. Il ne s'agit pas de se laisser mouiller. »

Et il se dirigea lestement vers l'antre du Cerbère, où, si l'on veut, la maison du concierge; puis, là, se étant sans façon dans le grand fauteuil du concierge même:

« Dieu! que vous m'ennuyez! dit-il, et que je suis malheureux! Vous me prenez pour un conspirateur, et vous ne comprenez pas que j'ai dans ma poche un placet pour Sa Majesté! Je suis de province, mais vous n'êtes qu'un sot. »

Le suisse, pour toute réponse, alla dans un coin prendre sa hallebarde, et resta ainsi debout, l'arme au poing.

« Quand partirez-vous? » s'écria-t-il d'une voix de stentor.

La querelle, tour à tour oubliée et reprise, semblait cette fois devenir tout à fait sérieuse, et déjà les deux grosses mains du suisse tremblaient étrangement sur sa pique; qu'allait-il advenir? je ne sais, lorsque, tournant tout à coup la tête: « Ah! dit le chevalier, qui vient là? »

Un jeune page, montant un cheval superbe (non pas anglais; dans ce temps-là les jambes maigres n'étaient pas à la mode), accourait à toute bride et au triple galop. Le chemin était trempé par la pluie; la grille n'était qu'entr'ouverte. Il y eut une hésitation; le suisse s'avança et ouvrit la grille. Le page donna de l'éperon; le cheval, arrêté un instant, voulu reprendre son train, manqua du pied, glissa sur la terre humide et tomba.

Il est fort peu commode, presque dangereux, de faire relever un cheval tombé à terre. Il n'y a cravache qui tienne. La gesticulation des jambes de la bête, qui fait ce qu'elle peut, est extrêmement désagréable, surtout lorsque l'on a soi-même une jambe prise sous la bête.

Le chevalier, toutefois, vint à l'aide sans réfléchir à ces inconvénients, et s'y prit si adroitement que bientôt le cheval fut redressé et le cavalier dégagé. Mais celui-ci était couvert de boue et ne pouvait qu'à peine marcher en boitant. Transporté, tant bien que mal, dans la maison du suisse, et assis à son tour dans le grand fauteuil:

« Monsieur, dit-il au chevalier, vous êtes gentilhomme, à coup sûr. Vous m'avez rendu un grand service, mais vous m'en pouvez rendre un plus grand encore. Voici un message du roi pour Mme la marquise et ce message est très pressé, comme vous le voyez, puisque mon cheval et moi, pour aller plus vite, nous avons failli nous rompre le cou. Vous comprenez que, fait comme je suis, avec une jambe éclopée, je ne saurais porter ce papier. Il faudrait pour cela me faire porter moi-même. Voulez-vous y aller à ma place? »

En même temps il tirait de sa poche une grande enveloppe dorée d'arabesques, accompagnée du sceau royal.

« Très volontiers, monsieur, » répondit le chevalier, prenant l'enveloppe. Et, leste et léger comme une plume, il partit en courant sur la pointe du pied.

CHAPITRE V

QUAND le chevalier arriva au château, un suisse était encore devant le péristyle:

« Ordre du roi, » dit le jeune homme, qui, cette fois, ne redoutait plus les hallebardes; et, montrant sa lettre, il entra gaiement au travers d'une demi-douzaine de laquais.

Un grand huissier, planté au milieu du vestibule, voyant l'ordre et le sceau royal, s'inclina gravement. Son échine courbée par le vent, puis, de l'un de ses doigts osseux, il toucha, en souriant, le coin d'une boiserie.

Une petite porte battante, masquée par une tapisserie, s'ouvrit aussitôt comme d'elle-même. L'homme osseux fit un signe obligeant: le chevalier entra, et la tapisserie, qui s'était entr'ouverte, retomba mollement derrière lui.

Un valet de chambre silencieux l'introduisait alors dans un salon, puis dans un corridor, sur lequel s'ouvraient deux ou trois petits cabinets, puis enfin dans un second salon, et le pria d'attendre un instant.

« Suis-je encore ici au château de Versailles? se demandait le chevalier. Allons-nous recommencer à jouer à cligne-musette? »

Trianon n'était, à cette époque, ni ce qu'il est maintenant, ni ce qu'il avait été. On a dit que Mme de Maintenon avait fait de Versailles un oratoire et Mme de Pompadour un boudoir. On a dit aussi de Trianon que ce *petit château de porcelaine* était le boudoir de Mme de Montespan. Quoi qu'il en soit de tous ces boudoirs, il paraît que Louis XV en mettait partout. Telle galerie où son aïeul se promenait majestueusement était alors bizarrement divisée en une infinité de compartiments. Il y en avait de toutes les couleurs; le roi allait papillonnant dans ces bosquets de soie et de velours. « Trouvez-vous de bon goût mes petits appartements meublés? demanda-t-il un jour à la belle comtesse de Séran. — Non, dit-elle, je les voudrais bleus. » Comme le bleu était la couleur du roi, cette réponse le flatta. Au second rendez-vous, Mme de Séran trouva le salon meublé en bleu, comme elle l'avait désiré.

Celui dans lequel, en ce moment, le chevalier se trouvait seul, n'était ni bleu, ni blanc, ni rose, mais tout en glaces. On sait combien une jolie femme qui a une jolie taille gagne à laisser ainsi son image se répéter sous mille aspects. Elle éblouit, elle enveloppe, pour ainsi dire, celui à qui elle veut plaire. De quelque côté qu'il regarde, il la voit. Comment l'éviter? Il ne lui reste plus qu'à s'enfuir, ou à s'avouer subjugué.

Le chevalier regardait aussi le jardin. Là, derrière les charmilles et les labyrinthes, les statues et les vases de marbre, commençait à poindre le goût pastoral, que la marquise allait mettre à la mode, et que, plus tard, Mme Dubarry et la reine Marie-Antoinette devaient pousser à un si haut degré de perfection. Déjà apparaissaient les fantaisies champêtres où se réfugiait le caprice blasé. Déjà les tritons boursouflés, les graves déesses et les nymphes savantes, les bustes à grandes perruques, glacés d'horreur dans leurs niches de verdure, voyaient sortir de terre un jardin anglais au milieu des ifs étonnés. Les petites pelouses, les petits ruisseaux, les petits ponts, allaient bientôt détrôner l'Olympe pour le remplacer par une laiterie, étrange parodie de la nature, que les Anglais copient sans la comprendre, vrai jeu d'enfant devenu alors le passetemps d'un maître indolent, qui ne savait comment se désennuyer de Versailles dans Versailles même.

Mais le chevalier était trop charmé, trop ravi de se trouver là pour qu'une réflexion critique pût se présenter à son esprit. Il était, au contraire, prêt à tout admirer, et il admirait en effet, tournant sa missive dans ses doigts, comme un provincial fait de son chapeau, lorsqu'une jolie fille de chambre ouvrit la porte et lui dit doucement:

« Venez, monsieur. »

Il la suivit, et, après avoir passé de nouveau par plusieurs corridors plus ou moins mystérieux, elle le fit entrer dans une grande chambre où les volets étaient à demi fermés. Là, elle s'arrêta et parut écouter.

« Toujours cligne-musette, » se disait le chevalier.

Cependant, au bout de quelques instants, une porte s'ouvrit encore, et une autre fille de chambre qui semblait beaucoup plus jolie que la première, répéta du même ton les mêmes paroles:

« Venez, monsieur. »

S'il avait été ému à Versailles, il l'était maintenant bien autrement, car il comprenait qu'il touchait au seuil du temple qu'habitait la divinité. Il s'avança, le cœur palpitant; une douce lumière, faiblement voilée par de légers rideaux de gaze, succéda à l'obscurité; un parfum délicieux, presque imperceptible, se répandit dans l'air autour de lui; la fille de chambre écarta timidement le coin d'une portière de soie, et, au fond d'un grand cabinet de la plus élégante simplicité, il aperçut la dame à l'éventail, c'est-à-dire la toute-puissante marquise.

Elle était seule, assise devant une table, enveloppée d'un peignoir, la tête appuyée sur sa main, et paraissant très préoccupée. En voyant entrer le chevalier, elle se leva par un mouvement subit et comme involontaire.

« Vous venez de la part du roi? »

Le chevalier aurait pu répondre, mais il ne trouva rien de mieux que de s'incliner profondément, en présentant à la marquise la lettre qu'il lui apportait. Elle la prit, ou plutôt s'en empara avec une extrême vivacité. Pendant qu'elle la décachetait, ses mains tremblaient sur l'enveloppe.

Cette lettre, écrite de la main du roi, était assez longue. Elle la dévora d'abord, pour ainsi dire, d'un coup d'œil, puis elle la lut avidement avec une attention profonde, le sourcil froncé, et serrant les lèvres. Elle n'était pas belle ainsi, et ne ressemblait plus à l'apparition magique du petit foyer. Quand elle fut au bout, elle sembla réfléchir. Peu à peu son visage, qui avait pâli, se colora d'un léger incarnat (à cette heure-là elle n'avait pas de rouge): non seulement la grâce lui revint, mais un éclair de vraie beauté passa sur ses traits délicats; on aurait pu prendre ses joues pour deux feuilles de rose. Elle poussa un demi-soupir, laissa tomber la lettre sur la table, et se retournant vers le chevalier:

« Je vous ai fait attendre, monsieur, lui dit-elle avec le plus charmant sourire, mais c'est que je n'étais pas levée, et je ne le suis même pas encore. Voilà pourquoi j'ai été forcée de vous faire venir par les cachettes; car je suis assiégée ici presque autant que si j'étais chez moi. Je voudrais répondre un mot au roi. Vous ennuie-t-il de faire ma commission? »

Cette fois il fallait parler; le chevalier avait eu le temps de reprendre un peu de courage.

« Hélas! madame, dit-il tristement, c'est beaucoup de grâce que vous me faites; mais, par malheur, je n'en puis profiter.

— Pourquoi cela?

— Je n'ai pas l'honneur d'appartenir à Sa Majesté.

— Comment donc êtes-vous venu ici?

— Par un hasard. J'ai rencontré en route un page qui s'est jeté par terre, et qui m'a prié...

— Comment, jeté par terre! répéta la marquise en éclatant de rire. (Elle paraissait si heureuse en ce moment, que la gaieté lui venait sans peine.)

— Oui, madame, il est tombé de cheval à la grille. Je me suis trouvé là, heureusement, pour l'aider à se relever, et, comme son habit était fort gâté, il m'a prié de me charger de son message.

— Et par quel hasard vous êtes-vous trouvé là?

— Madame, c'est que j'ai un placet à présenter à Sa Majesté.

— Sa Majesté demeure à Versailles.

— Oui, mais vous demeurez ici.

— Oui-da! En sorte que c'était vous qui vouliez me charger d'une commission?

— Madame, je vous supplie de me croire...

— Ne vous effrayez pas, vous n'êtes pas le premier. Mais à propos de quoi vous adresser à moi? Je ne suis qu'une femme... comme une autre. »

En prononçant ces mots d'un air moqueur, la marquise jeta un regard triomphateur sur la lettre qu'elle venait de lire.

« Madame, reprit le chevalier, j'ai toujours ouï dire que les hommes exerçaient le pouvoir, et que les femmes...

— En disposaient, n'est-ce pas? Eh bien, monsieur, il y a une reine en France.

— Je le sais, madame, et c'est ce qui fait que je me suis *trouvé là* ce matin? »

La marquise était plus qu'habituée à de semblables compliments, et on ne les lui fit que la voix basse; mais dans la circonstance présente, celui-ci parut lui plaire très singulièrement.

« Et sur quelle foi, dit-elle, sur quelle assurance avez-vous cru pouvoir parvenir jusqu'ici? Car vous ne comptiez pas, je suppose, sur un cheval qui tombe en chemin?

— Madame, je croyais... j'espérais...

— Qu'espériez-vous?

— J'espérais le hasard... pourrait...

— Toujours le hasard! Il est de vos amis, à ce qu'il paraît; mais je vous avertis que, si vous n'en avez pas d'autres, c'est une triste recommandation.

Peut-être la fortune offensée voulait-elle se venger de cette irrévérence; mais le chevalier, aux ces dernières questions avaient de plus en plus troublé, aperçut tout à coup, sur le coin de la table, précisément le même éventail qu'il avait ramassé la veille. Il le prit, et, comme la veille, il le présenta à la marquise, en fléchissant le genou devant elle.

« Voilà, madame, lui dit-il, le seul ami que j'aie ici. »

La marquise parut d'abord étonnée, hésita un moment, regardant tantôt l'éventail, tantôt le chevalier.

« Ah! vous avez raison, dit-elle enfin; c'est vous, monsieur! je vous reconnais. C'est vous, que j'ai vu hier, après la comédie, avec M. de Richelieu. J'ai laissé tomber cet éventail, et vous vous êtes *trouvé là*, comme vous disiez.

— Oui, madame.

— Et fort galamment, en vrai chevalier, vous me l'avez rendu; je ne vous ai pas remercié, mais j'ai toujours été persuadée que celui qui sait, d'aussi bonne grâce, relever un éventail, sait aussi, au besoin, relever le gant; et nous aimons assez cela, nous autres.

— Et cela n'est que trop vrai, madame; car, en arrivant tout à l'heure, j'ai failli avoir un duel avec le suisse.

— Miséricorde! dit la marquise, prise d'un second accès de gaieté. Avec le suisse! Et pourquoi faire?

— Il ne voulait pas me laisser entrer.

— C'eût été dommage. Mais, monsieur, qui êtes-vous? Que demandez-vous?

— Madame, je me nomme le chevalier de Vauvert; M. de Biron avait demandé pour moi une place de cornette aux gardes.

— Oui-da! je me souviens encore. Vous venez de Neauflette; vous êtes amoureux de Mlle d'Annebault...

— Madame, qui a pu vous dire?...

— Oh! je vous préviens que je suis fort à craindre. Quand la mémoire me manque, je devine. Vous êtes parent de l'abbé Chauvelin, et refusé pour cela, n'est-ce pas? Où est votre placet?

— Le voilà, madame; mais, en vérité, je ne puis comprendre...

— A quoi bon comprendre? Levez-vous, et mettez votre papier sur cette table. Je vais répondre au roi; vous lui porterez en même temps votre demande et ma lettre.

— Mais, madame, je croyais vous avoir dit...

— Vous irez. Vous êtes entré ici de par le roi, n'est-il pas vrai? Eh bien! vous entrerez là-bas de par la marquise de Pompadour, dame du palais de la reine. »

Le chevalier s'inclina sans mot dire, saisi d'une sorte de stupéfaction. Tout le monde savait depuis longtemps combien de pourparlers, de ruses et d'intrigues la favorite avait mis en jeu, et quelle obstination elle avait montrée pour obtenir ce titre, qui, en somme, ne lui rapporta qu'un affront cruel du Dauphin. Mais il y avait dix ans qu'elle le désirait; elle le voulait; elle avait réussi. M. de Vauvert, qu'elle ne connaissait pas, bien qu'elle connût ses amours, lui plaisait comme une bonne nouvelle.

Immobile, debout derrière elle, le chevalier observait la marquise qui écrivait, d'abord de tout son cœur, avec passion, puis qui réfléchissait, s'arrêtait et passait sa main sur son petit nez, fin comme l'ambre. Elle s'impatientait; un témoin la gênait. Enfin, elle se décida et fit une rature; il fallait avouer que ce n'était plus qu'un brouillon.

En face du chevalier, de l'autre côté de la table, brillait un beau miroir de Venise. Le très timide messager osait à peine lever les yeux. Il lui fut cependant difficile de ne pas voir dans ce miroir, par-dessus la tête de la marquise, le visage inquiet et charmant de la nouvelle dame du palais.

« Comme elle est jolie! pensait-il. C'est malheureux que je sois amoureux d'une autre. Athénaïs est plus belle, et d'ailleurs ce serait, de ma part, une si affreuse déloyauté!...

— De quoi parlez-vous? dit la marquise. (Le chevalier, selon sa coutume, avait pensé tout haut sans le savoir.) Qu'est-ce que vous dites?

— Moi, madame? j'attends.

— Voilà qui est fait, » répondit la marquise, prenant une autre feuille de papier; mais, au petit mouvement qu'elle venait de faire pour se retourner, le peignoir avait glissé sur son épaule.

La mode est une chose étrange. Nos grand'mères trouvaient tout simple d'aller à la cour avec d'immenses robes qui laissaient leur gorge presque découverte, et l'on ne voyait à cela nulle indécence; mais elles cachaient soigneusement leur dos, que les belles dames d'aujourd'hui montrent au bal ou à l'opéra. C'est une beauté nouvellement inventée.

Sur l'épaule frêle, blanche et mignonne de Mme de Pompadour, il y avait un petit signe noir qui ressemblait à une mouche tombée dans du lait. Le chevalier, sérieux comme un étourdi qui veut avoir bonne contenance, regardait ce signe, et la marquise, tenant sa plume en l'air, regardait le chevalier dans la glace.

Dans cette glace, un coup d'œil rapide fut échangé, coup d'œil auquel les femmes ne se trompent pas, qui veut dire d'une part: « Vous êtes charmante, » et de l'autre: « Je n'en suis pas fâchée. »

Toutefois la marquise rajusta son peignoir.

« Vous regardez ma mouche, monsieur?

— Je ne la regarde pas, madame; je vois et j'admire.

— Tenez, voilà la lettre; portez-la au roi avec votre placet.

— Mais, madame...

— Quoi donc?

— Sa Majesté est à la chasse; je viens d'entendre sonner dans le bois de Satory.

— C'est vrai, je n'y songeais plus; eh bien! demain, après-demain, peu importe. — Non, tout de suite. Allez, vous donnerez cela à Lebel. Adieu, monsieur. Tâchez de vous souvenir que cette mouche que vous venez de voir, il n'y a dans le royaume que le roi qui l'ait vue; et quant à votre ami le hasard, dites-lui, je vous prie, qu'il s'accoutume à ne pas jaser tout seul aussi haut que tout à l'heure. Adieu, chevalier. »

Elle toucha un petit timbre, puis, relevant sur sa manche un flot de dentelles, tendit au jeune homme son bras nu.

Il s'inclina encore, et du bout des lèvres effleura à peine les ongles roses de la marquise. Elle n'y vit pas une impolitesse, tant s'en faut, mais un peu trop de modestie.

Aussitôt reparurent les petites filles de chambre (les grandes n'étaient pas levées); et derrière elles, debout comme un clocher au milieu d'un troupeau de moutons, l'homme osseux, toujours souriant, indiquait le chemin.

CHAPITRE VI

Seul, plongé dans un vieux fauteuil, au fond de sa petite chambre, à l'auberge du Soleil, le chevalier attendit le lendemain, puis le surlendemain, point de nouvelles.

« Singulière femme! Douce et impérieuse, bonne et méchante, la plus frivole et la plus entêtée! Elle m'a oublié. Oh, misère! Elle a raison, elle peut tout, et je ne suis rien. »

Il s'était levé, et se promenait par la chambre.

« Rien, non, je ne suis qu'un pauvre diable. Que mon père disait vrai! La marquise s'est moquée de moi; c'est tout simple: pendant que je la regardais, c'est sa beauté qui lui a plu. Elle a été bien aise de voir dans ce miroir et dans mes yeux le reflet de ses charmes, qui, ma foi, sont véritablement incomparables! Oui, ses yeux sont petits, mais quelle grâce! Et Latour, avant Diderot, a pris pour faire son portrait la poussière de l'aile d'un papillon. Elle n'est pas bien grande, mais sa taille est bien prise! — Ah! Mlle d'Annebault! Ah! mon amie chérie! est-ce que moi aussi j'oublierais? »

Deux ou trois petits coups secs frappés sur la porte le réveillèrent de son chagrin.

« Qu'est-ce? »

L'homme osseux, tout de noir vêtu, avec une belle paire de bas de soie, qui simulaient les mollets absents, entra et fit un grand salut.

« Il y a ce soir, monsieur le chevalier, bal masqué à la cour, et Mme la marquise m'envoie vous dire que vous êtes invité.

— Cela suffit, monsieur, grand merci! »

Dès que l'homme osseux se fut retiré, le chevalier courut à la sonnette: la même servante qui, trois jours auparavant, l'avait accommodé de son mieux, l'aida à mettre le même habit paillété, tâchant de l'accommoder mieux encore.

Après quoi le jeune homme s'achemina vers le palais.

invité cette fois et plus tranquille en apparence, mais plus inquiet et moins hardi que lorsqu'il avait fait le premier pas dans ce monde encore inconnu pour lui.

Étourdi, presque autant que la première fois, par toutes les splendeurs de Versailles, qui, ce soir-là, n'était pas désert, le chevalier marchait dans la grande galerie, regardant de tous les côtés, tâchant de savoir pourquoi il était là; mais personne ne semblait songer à l'aborder. Au bout d'une heure, il s'ennuyait et allait partir, lorsque deux masques, exactement pareils, assis sur une banquette, l'arrêtèrent au passage. L'un des deux le visa du doigt, comme s'il eût tenu un pistolet; l'autre se leva et vint à lui:

« Il paraît, monsieur, lui dit le masque en lui prenant le bras nonchalamment, que vous êtes assez bien avec notre marquise.

— Je vous demande pardon, madame, mais de qui parlez-vous?

— Vous le savez bien.

— Pas le moins du monde.

— Oh! si fait.

— Point du tout.

— Toute la cour le sait.

— Je ne suis pas de la cour.

— Vous faites l'enfant. Je vous dis qu'on le sait.

— Cela se peut, madame, mais je l'ignore.

— Vous n'ignorez pas, cependant, qu'avant-hier, un page est tombé de cheval à la grille de Trianon. N'étiez-vous pas là, par hasard?

— Oui, madame.

— Ne l'avez-vous pas aidé à se relever?

— Oui, madame.

— Et n'êtes-vous pas entré au château?

— Sans doute.

— Ne vous a-t-on pas donné un papier?

— Oui, madame.

— Et ne l'avez-vous pas porté au roi?

— Assurément.

— Le roi n'était pas à Trianon; il était à la chasse, la marquise était seule... n'est-ce pas?

— Oui, madame.

— Elle venait de se réveiller; elle était à peine vêtue, excepté, à ce qu'on dit, d'un grand peignoir.

— Les gens qu'on ne peut pas empêcher de parler disent ce qui leur passe par la tête.

— Fort bien, mais il paraît qu'il a passé entre sa tête et la vôtre un regard qui ne l'a pas fâchée.

— Qu'entendez-vous par là, madame?

— Que vous ne lui avez pas déplu.

— Je ne sais pas, et je serais au désespoir qu'une bienveillance si douce et si rare, à laquelle je ne m'attendais pas, qui m'a touché jusqu'au fond du cœur, pût devenir la cause d'un mauvais propos.

— Vous prenez feu bien vite, chevalier; on croirait que vous allez provoquer toute la cour; vous ne finirez jamais de tuer tant de monde.

— Mais, madame, si ce page est tombé, et si j'ai porté son message... Permettez-moi de vous demander pourquoi je suis interrogé. »

Le masque lui serra le bras et lui dit: « Monsieur, écoutez.

— Tout ce qu'il vous plaira, madame.

— Voici à quoi nous pensons, maintenant. Le roi n'aime plus la marquise et personne ne croit qu'il l'ait jamais aimée. Elle vient de commettre une imprudence; elle s'est mise à dos tout le parlement, avec ses deux sous d'impôt, et aujourd'hui elle va encore attaquer une bien plus grande puissance, la compagnie de Jésus. Elle y succombera; mais elle a des armes, et, avant de périr, elle se défendra.

— Eh bien! madame, qu'y puis-je faire?

— Je vais vous le dire. M. de Choiseul est à moitié brouillé avec M. de Bernis: ils ne sont sûrs, ni l'un ni l'autre, de ce qu'ils voudraient essayer. Bernis va s'en aller, Choiseul prendra sa place; un mot de vous peut en décider.

— En quelle façon, madame, je vous prie?

— En laissant raconter votre visite de l'autre jour.

— Quel rapport peut-il y avoir entre ma visite, les jésuites et le parlement?

— Écrivez-moi un mot: la marquise est perdue. Et ne doutez pas que le plus vif intérêt, la plus entière reconnaissance...

— Je vous demande encore bien pardon, madame, mais c'est une lâcheté que vous me demandez là.

— Est-ce qu'il y a de la bravoure en politique?

— Je ne me connais pas à tout cela. Mme de Pompadour a laissé tomber son éventail devant moi; je l'ai ramassé, je le lui ai rendu; elle m'a remercié, elle m'a permis, avec cette grâce qu'elle a, de la remercier à mon tour.

— Trêve de façons! le temps se passe; je me nomme la comtesse d'Estrades. Vous aimez Mlle d'Annebault, ma nièce... vous ne dites pas non, c'est inutile; vous demandez un emploi de cornette,... vous l'aurez demain, et si Athénaïs vous plaît, vous serez bientôt mon neveu.

— Oh! madame, quel excès de bonté!

— Mais il faut parler.

— Non, madame.

— On m'avait dit que vous aimiez cette petite fille.

— Autant qu'on peut aimer; mais si jamais mon amour peut s'avouer devant elle, il faut que mon honneur y soit aussi.

— Vous êtes bien entêté, chevalier! Est-ce là votre dernière réponse?

— C'est la dernière, comme la première.

— Vous refusez d'entrer aux gardes? Vous refusez la main de ma nièce?

— Oui, madame, si c'est à ce prix. »

Mme d'Estrades jeta sur le chevalier un regard perçant, plein de curiosité; puis, ne voyant sur son visage aucun signe d'hésitation, elle s'éloigna lentement, et se perdit dans la foule.

Le chevalier, ne pouvant rien comprendre à cette singulière aventure, alla s'asseoir dans un coin de la galerie.

« Que pense faire cette femme? se disait-il. Elle doit être un peu folle. Elle veut bouleverser l'État au moyen d'une sotte calomnie, et, pour mériter la main de sa nièce, elle me propose de me déshonorer! Mais Athénaïs ne voudrait plus de moi, ou, si elle se prêtait à une pareille intrigue, ce serait moi qui la refuserais! Quoi! tâcher de nuire à cette bonne marquise, la diffamer, la noircir;... jamais! non, jamais! »

Toujours fidèle à ses distractions, le chevalier, très probablement, allait se lever et parler tout haut, lorsqu'un petit doigt, couleur de rose, lui toucha légèrement l'épaule. Il leva les yeux et vit devant lui les deux masques pareils qui l'avaient arrêté.

« Vous ne voulez donc pas nous aider un peu? » dit l'un des masques, déguisant sa voix. Mais, bien que les deux costumes fussent tout à fait semblables, et que tout parût calculé pour donner le change, le chevalier ne s'y trompa point. Le regard ni l'accent n'étaient plus les mêmes.

« Répondrez-vous, monsieur?

— Non, madame.

— Écrirez-vous?

— Pas davantage.

— C'est vrai que vous êtes obstiné. Bonsoir lieutenant!

— Que dites-vous, madame?

— Voilà votre brevet, et votre contrat de mariage. »

Et elle lui jeta son éventail.

C'était celui que le chevalier avait déjà ramassé deux fois. Les petits amours de Bouché se jouaient sur le parchemin, au milieu de la nacre dorée. Il n'y avait pas à en douter, c'était l'éventail de Mme de Pompadour.

« O ciel! marquise, est-il possible?

— Très possible, dit-elle en soulevant, sur son menton sa petite dentelle noire.

— Mais, madame, comment répondre...

— Il n'est pas nécessaire. Vous êtes un galant homme, et nous nous reverrons, car vous êtes chez nous. Le roi vous a placé dans la cornette blanche. Souvenez-vous que, pour un solliciteur, il n'y a pas de plus grande éloquence que de savoir se taire à propos.

« Et pardonnez-nous, ajouta-t-elle en riant et en s'enfuyant, si, avant de vous donner notre nièce, nous avons pris des renseignements. »

FIN

LA GRANDE COLLECTION NATIONALE

40 cent. :: :: L'OUVRAGE COMPLET :: :: **40 cent.**

Sous belle couverture illustrée en couleurs

OUVRAGES PARUS :

1. MADAME LA MARQUISE, roman de mœurs, par Ch. MÉROUVEL.
2. LE CAPITAINE FINE-LAME, roman de cape et d'épée, par Henri GERMAIN.
3. MULOT ET GENDRES, drame poignant de la vie réelle, par G. FOLEY.
4. ROSE SAUVAGE, roman d'amour, par Georges MALDAGUE.
5. L'ILE DU DOCTEUR MOREAU, roman d'aventures, par H.-G. WELLS.
6. LE MILLION DU PÈRE RACLOT, roman sentimental, par Émile RICHEBOURG.
7. AMOURS DE JEUNESSE, délicieuses aventures tirées des Mémoires de CASANOVA.
8. LA FILLE AUX YEUX D'OR, suivie de LA VENDETTA, dramatiques récits, par Honoré de BALZAC.
9. *VOYAGE AU PAYS DES MILLIARDS, relation de voyage en Allemagne, par Victor TISSOT.
10. MARIAGES DE AÏSO-N, amusantes histoires, par Max et Alex. FISCHER.
11. MARTYRE, émouvant roman, par Adolphe d'ENNERY.
12. LA RELIGIEUSE, le chef-d'œuvre de DIDEROT.
13. *SERVITUDE ET GRANDEUR MILITAIRES, scènes empoignantes et vécues, par Alfred de VIGNY.
14. *LE CHEMIN DU BONHEUR, roman exquis, par Paul BONHOMME.
15. *LES DERNIERS JOURS DE POMPEÏ, roman de la vie antique, par Lord LYTTON (Sir Edward Bulwer).
16. LE COMTE SATAN, grand roman populaire, par F. LAFARGUE.
17. LES AMOURS DE LA DUCHESSE DE LA VALLIÈRE, histoire sentimentale de la grande favorite, par M⸺ de GENLIS.
18. *POÉSIES d'Alfred de VIGNY.
19. LES PLUS JOYEUX CONTES DE LA REINE DE NAVARRE, historiettes gauloises, par Marguerite de VALOIS.
20. SIMONE, histoire d'une jeune fille moderne, par V. TISSOT.
21. RESURRECTION, adaptation populaire de l'œuvre immortelle de TOLSTOÏ.
22. LA LUXURE, passionnant roman, par Eugène SUE.
23. L'AUBERGE ROUGE, Un Épisode sous la Terreur, L'Élixir de longue vie, Sarrasine, Un Drame au bord de la mer, tragiques récits, par Honoré de BALZAC.
24. *POÉSIES (Rolla, Les Nuits, Poésies nouvelles, Contes en vers), d'Alfred de MUSSET.
25. LES LOISIRS DE BERTHE LIVOIRE, roman humoristique, par Robert SCHEFFER.
26. *NAPOLÉON INTIME, raconté par son valet de chambre CONSTANT.
27. GATHENNE, délicieux roman, par Georges de PEYREBRUNE.
28. *LES DÉBUTS DE SHERLOCK HOLMES, palpitantes aventures du célèbre détective, par CONAN DOYLE.
29. LETTRES D'AMOUR A SOPHIE, correspondance sentimentale de MIRABEAU.
30. LA MARE AUX FOLLES, grand roman dramatique, par Georges MALDAGUE.
31. ROME GALANTE SOUS LES CÉSARS, histoire saisissante de la vie antique, par SUÉTONE.
32. LE COFFRE-FORT, roman dramatique et littéraire, par J.-H. ROSNY aîné, de l'Académie Goncourt.
33. AVENTURES DE GIL BLAS DE SANTILLANE, par LE SAGE.
34. TROTTIN DE PARIS, roman, par Georges BEAUME.
35. L'AMOUR A VENISE, délicieuses aventures tirées des Mémoires de CASANOVA.
36. ROBINSON CRUSOÉ DANS SON ILE, adaptation de l'immortel chef-d'œuvre de Daniel de FOE.
37. *LE SORCIER, délicieux roman inédit, par Henri GERMAIN.
38. LA VIE ET LA CORRESPONDANCE AMOUREUSE D'HÉLOÏSE ET D'ABÉLARD.
39. ADAM WORTH, Mémoires d'un voleur de qualité, relation authentique, par Maurice STRAUSS.
40. UN DRAME SOUS LA RÉVOLUTION, roman historique, par Charles DICKENS.
41. LE DROIT D'ÊTRE MÈRE, roman social, par Paul BRU (Lettre-Préface de Brieux.)
42. WERTHER, roman d'amour, par GOETHE.
43. *LES HOMMES VOLANTS, prodigieuse histoire de la conquête de l'air, par H. de GRAFFIGNY.
44. *POUR LUI! roman dramatique, par Louis ESNAULT.
45. DAPHNIS ET CHLOÉ, roman pastoral, par LONGUS.
46. *PERDU AU MAROC, roman d'aventures, par Charles MALATO.
47. *LE DRAPEAU BRISÉ, histoire d'Alsace-Lorraine, par G. LAURENT.
48. *LA PRISE DE BERLIN, par NAPOLÉON, bulletins de la Grande Armée.
49. *LA COMTESSE VASSALI, une héroïne de la liberté, par OUIDA.
50. LE ROMAN D'UN OFFICIER, délicieux vécue, par Jean SAINT-YVES.
51. *L'ESPION DE L'EMPEREUR, par Charles LAURENT.
52. *LES FRANÇAIS A VIENNE, bulletins de la Grande-Armée.
53. MON ONCLE BARBASSOU, amusant roman, par Mario UCHARD.
54. SECRETS ET MYSTÈRES DE LA COUR DE PRUSSE, Mémoires ed VOLTAIRE.
55. *AVENTURES DE CYRANO DE BERGERAC, par Jules LERMINA.
56. CŒUR D'ORPHELINE, délicieux roman, par Camille PERT.
57. *MES PRISONS. Dix ans dans les cachots autrichiens, par Silvio PELLICO.
58. *LA VIE PRIVÉE DE JOSÉPHINE, racontée par sa femme de chambre, Mlle AVRILLION.
59. *L'INFORTUNE PLUMARD, amusant roman, par Rodolphe BRINGER.
60. *IVANHOE, roman historique, par Walter SCOTT.
61. SANS PITIÉ, grand roman populaire, par Georges MALDAGUE.
62. LES PLUS JOLIS CONTES DE BOCCACE.
63. *L'ENQUÊTE, roman dramatique, par Maurice LANDAY.
64. *UN LYS DANS LA NEIGE, charmant roman, par Victor TISSOT.
65. *UNE CONSPIRATION SOUS LE PREMIER EMPIRE, par CONAN DOYLE.
66. *LE POILU AUX MILLE TRUCS, et autres Nouvelles et Drames comiques, par CAMI.
67. *LE COLONEL CHABERT. — Adieu — El Verdugo, par Honoré de BALZAC.
68. UN CŒUR VIRGINAL, roman, par Remy de GOURMONT.
69. *COMME UNE FLEUR, roman sentimental, par Rodna BROUGHTON.
70. *LE CHEVALIER DE CHABRIAC, roman historique, par le baron de BAZANCOURT.
71. *MADEMOISELLE MIMI PINSON. — Histoire d'un Merle blanc. — Le Secret de Javotte. — La Mouche, par Alfred de MUSSET.
72. *40.000 FRANCS DE DOT, grand roman populaire, par Émile RICHEBOURG.
73. *LA SACRIFIÉE. — Ça fait du bruit. — Le Médecin du District. — Karatáev, histoires émouvantes, par TOURGUENEFF.
74. *PAUL ET VIRGINIE. — La Chaumière Indienne, délicieux romans, par BERNARDIN DE SAINT-PIERRE.
75. LA CHASSE AUX AMANTS, intéressant roman, par C. de BERNARD.
76. *LA NOUVELLE MADELEINE, roman, par Wilkie COLLINS.
77. *L'AMOUR AU PAYS BLEU, roman d'amour, par Hector FRANCE.
78. VIEILLES CHANSONS DE FRANCE.
79. *LE SECRET DE L'ESPAGNOL, roman populaire, par H. GERMAIN.
80. SUZANNE, roman vécu, par Édouard GURLIAC.
81. *LES FIANCÉS, roman historique, par MANZONI.
82. LE BONHEUR A TROIS, roman, par Armand CHARPENTIER.
83. MANON LESCAUT, roman d'amour, par l'abbé PRÉVOST.
84. LE POINT NOIR, émouvant roman, par Fernand LAFARGUE.
85. L'AMIE, roman, par Henry GRÉVILLE.
86. LES PLUS CÉLÈBRES CONTES DROLATIQUES, par H. de BALZAC.
87. *LA MAISON DU DAMNÉ, roman mystérieux, par Pierre ZACCONE.
88. *HEVA, roman d'aventures, par J. MÉRY.
89. L'ADORATION PERPÉTUELLE, roman, par Guy de TERAMOND.
90. *YVONNE LA SIMPLE, grand roman populaire, par G. MALDAGUE.
91. *LES ÉMOTIONS DE POLYCORE MARASQUIN, roman d'aventures, par Léon GOZLAN.
92. LE MARI D'HÉLÈNE. — La Maîtresse de Gramigna. — La Guerre de Saint Pascal et de Saint Roch. — Cavalleria Rusticana. — La Louve, par Giovanni VERGA.
93. CANDIDE. — L'Ingénu, chefs-d'œuvre de Voltaire.
94. *L'ÉPINGLE NOIRE, roman historique, par G. LENÔTRE.
95. *AVENTURES HÉROÏQUES ET AMOUREUSES DE DON QUICHOTTE, par CERVANTES.
96. *MADEMOISELLE CLÉOPATRE, roman, par Henry GRÉVILLE.
97. *LES JOYEUSETÉS DE LA CORRECTIONNELLE, par Jules LÉVY.
98. *QUO VADIS, adaptation du roman d'Henrick SIENKIEWICZ.
99. *LE MARQUIS DE LESTORIÈRE, roman d'amour, par Eugène SUE.
100. *LES HEURES PERDUES D'UN CAVALIER FRANÇAIS, par un contemporain de BRANTÔME.
101. *LES VACANCES DE CAMILLE, roman d'amour, par Henry MURGER.
102. *HISTOIRES ÉTRANGES ET MYSTÉRIEUSES. — Le double Assassinat de la rue Morgue — Le Scarabée d'Or. — Le Système du docteur Goudron et du professeur Plume. — La Vengeance du Bouffon. Le Masque de la Mort Rouge. — Une Descente dans le Maelstrom. — Le Cœur accusateur. — La Lettre volée, par Edgar POE.
103. *PICCIOLA (la Fleur et le Prisonnier), par SAINTINE.
104. *LES RÉVOLTÉS, scènes de la vie révolutionnaire russe, par Victor TISSOT et C. AMERO.
105. *LA BELLE PROVENÇALE, roman d'amour, par Jacques VINCENT.
106. *LA MIONNETTE, délicieuse idylle, par Eugène MULLER.
107. *LE N° 13 DE LA RUE MARLOT, roman policier, par R. de FONT-JEST.
108. *LA BELLE DE MME LENAIN, roman, par Léon BARRACAND.
109. *LA DOT DE SUZETTE, roman sentimental, par J. FIÉVÉE.
110. *LA CARMÉLITE, roman d'amour, par Ernest DAUDET.
111. *CŒUR SOUFFRANT, roman, par Mathilde SERAO.
112. *LA FEMME ABANDONNÉE. — La Fausse Maîtresse. — La Grande Bretèche — dramatiques récits, par Honoré de BALZAC.
113. *UNE REVANCHE DE VIDOCQ, histoire palpitante, par Louis NOIR.
114. *LE BAISER DE LA FRANCE, roman patriotique, par J.-F. REGAMEY.
115. LE MARI CONFIDENT, intéressant roman, par Sophie GAY.
116. *PERRUQUES BLONDES, roman d'amour, par G. LENÔTRE.
117. *LA BIBLIOTHÈQUE DE MON ONCLE, spirituel roman, par R. TOPFFER.
118. *L'IDYLLE, roman sentimental, par Henry GERMAIN.
119. *AVENTURES D'ARTHUR GORDON PYM, par Edgar POE (traduction de Baudelaire).
120. LA PRINCESSE DE CLÈVES, par Mme de LA FAYETTE.

IL PARAIT DEUX VOLUMES PAR MOIS, LE 15 ET LE 30
ENVOI FRANCO DE CHAQUE VOLUME CONTRE **40 CENTIMES**
(*) Les ouvrages précédés d'un astérisque peuvent être mis entre toutes les mains.

F. ROUFF, Éditeur, 148, rue de Vaugirard, PARIS (XVe)

71. — Grande Collection Nationale.   Sceaux. — Imp. Charaire.

www.ingramcontent.com/pod-product-compliance
Lightning Source LLC
Chambersburg PA
CBHW060514050426
42451CB00009B/978